高校英语教育融合式课堂教学设计与实践研究

孙 康 著

中国纺织出版社有限公司

图书在版编目（CIP）数据

高校英语教育融合式课堂教学设计与实践研究 / 孙康著. -- 北京：中国纺织出版社有限公司, 2023.12

ISBN 978-7-5229-1351-3

Ⅰ. ①高… Ⅱ. ①孙… Ⅲ. ①英语—教学研究—高等学校 Ⅳ. ① H319.3

中国国家版本馆 CIP 数据核字（2024）第 033132 号

责任编辑：王　慧　　责任校对：高　涵　　责任印制：储志伟

中国纺织出版社有限公司出版发行
地址：北京市朝阳区百子湾东里 A407 号楼　邮政编码：100124
销售电话：010—67004422　传真：010—87155801
http://www.c-textilep.com
中国纺织出版社天猫旗舰店
官方微博 http://weibo.com/2119887771
三河市宏盛印务有限公司印刷　各地新华书店经销
2023 年 12 月第 1 版第 1 次印刷
开本：787×1092　1/16　印张：10.75
字数：230 千字　定价：98.00 元

前　言

　　随着全球化的趋势加快，英语作为国际通用语言在高等教育中的地位日益凸显。与此同时，技术的迅猛发展对传统教育模式提出了新的挑战，使得融合式课堂教学成为教育变革的核心话题。本书旨在为教育者、研究者和广大读者提供一个全面的框架，从而更好地理解和实践融合式教学。

　　融合式教学不仅仅是技术的应用，更是一种哲学思考和教育创新。它要求我们重新思考教育的目标、教学方法以及师生关系，从而构建一个更加开放、自主和协同的学习社群。这种转变，尤其在英语教育领域，具有深远的意义。因为语言学习不仅是技能的掌握，更是文化、思维和价值观的交流与碰撞。

　　本书共分七章，涵盖了融合式教学的理论基础、教学模式、设计与实施、评价策略，以及技术工具和跨学科融合的应用。每一章都基于深入的研究和丰富的实践经验，旨在提供具体、操作性的建议和策略。

　　在撰写本书时，笔者不仅参考了国内外的研究成果，还与众多前线教师、学者和技术开发者进行了深入的交流和合作，确保书中的内容既有理论深度，又具有实践的价值。此外，本书也特别关注了学习者的需求和体验，探讨如何在融合式课堂中培养学生的自主学习能力、批判性思维和跨文化沟通技巧。

　　此次的写作过程，也是教育者自身不断学习和反思的过程。教育的本质不在于传递知识，而在于激发思考、促进交流和培养创新。希望本书能为读者带来启示和灵感，成为广大教育者在教育创新之路上的得力伴侣。

　　最后，感谢所有支持本书的出版和推广的朋友，特别是那些提供宝贵建议和案例的教育者和学者，也感谢每一位读者，因为是你们的关注和期待，使得这本书得以诞生。

　　祝愿每一位追求教育创新的朋友，都能在融合式课堂的实践中，找到自己的答案和方向。

孙康

2023 年 5 月

目 录

第一章　导论

第一节　研究背景和目的

随着信息技术的快速发展和教育理念的不断更新，高等教育领域对教学方法和模式的要求也在不断变化。传统的单一教学模式已经难以满足学生多样化的学习需求和综合能力培养的要求。因此，融合式课堂教学模式在高校英语教育中引起了广泛关注。

一、研究背景

（一）高校英语教学困境

现代高校英语教学，面临着一系列挑战。应试教育已经深深植根于多数教育体制，这种以考试为导向的学习方式导致学生沉浸于取得高分的压力中，而忽略了真正的语言运用。当学习只是为了考试，英语不再是与他人交流的工具，而仅仅成了一纸证书上的数字，这种学习心态使得学生在考试中可能表现出色，但在真实场景中发现自己的英语应用能力却大打折扣。

与此同时，传统的英语教学方式，特别是那种以教师为中心的模式，已经越来越难以满足学生的需求。在这种模式下，学生往往被视为被动的知识接受者，而缺乏真正地参与和互动。这种方式可能导致学生对英语学习失去兴趣和动力。更为关键的是，当教育过于依赖教科书，学生在课堂上接触到的语言材料可能与他们日常生活中的实际应用情境不相符。

这两大挑战要求重新思考高校英语的教学方法和目标，不仅要注重学生的应试能力，还要培养他们的实际应用能力，帮助他们找回学习英语的乐趣和目的。

融合式教学模式为高校英语教学带来了革命性的改变，可以有效地应对上述提到的挑战。

首先，融合式教学模式打破了传统的教师中心和教科书中心的局限，它结合了在线和离线的学习资源，为学生提供了更加丰富和多样化的学习材料。学生可以根据自己的兴趣和需求，选择合适的学习资源，如视频、音频、互动模拟等，这不仅增强了学习的趣味性，还让学生能够在真实的语境中进行学习，更接近实际的应用场景。

其次，这种模式强调学生的主体性和参与性。与传统的被动接受知识不同，学生在融合式教学中成了学习的主体，他们可以自主安排学习进度，根据自己的需求进行深度学习或拓展学习，增强了学习的自主性和主动性。同时，融合式教学鼓励学生之间的互动和合作，培养了他们的团队合作能力和沟通能力。

最后，融合式教学还能够更好地满足不同学生的学习需求。传统的一体化教学方式很难满足每个学生的个体差异，而融合式教学则可以为每个学生提供定制化的学习路径，确保每个学生都能得到最适合自己的学习方式。

（二）信息技术对高校英语教学的深刻影响

信息技术对高校英语教学产生了深远的影响，其中最为显著的就是在线教育资源的丰富和学生学习习惯的改变。

随着网络技术的快速发展，海量的在线英语学习资源如 MOOCs、英语学习平台、在线词典、互动模拟软件等得以迅速传播和普及，为英语教学提供了前所未有的资源支持。教师可以根据教学内容和学生的需求，灵活选择和使用这些资源，打破传统教材的局限，为学生提供了更加生动、实用和多样化的学习材料。学生可以根据自己的兴趣和需求，随时随地访问和使用这些资源，进行自主学习。

同时，随着移动设备、社交媒体和各种在线学习平台的普及，学生的学习习惯和方式也发生了巨大的变化。传统的面对面课堂教学不再是唯一的学习方式。学生可以通过各种在线平台进行异步学习，与老师和同学进行线上交流和合作，利用社交媒体分享学习心得和资源。这种学习方式更加灵活、自主，更加符合现代学生的学习需求和习惯。同时，这也为英语教学带来了更多的互动和参与机会，增强了学习的趣味性和实效性。

融合式教学模式有效地将信息技术与课堂教学相结合，不仅丰富了教学资源，提高了教学效果，还改变了学生的学习方式和习惯，使英语教学更加适应现代社会的发展和需求。

（三）全球化的机遇和挑战

随着经济的全球化进程，全球范围内的合作与竞争日趋激烈，给高校英语教学带来了前所未有的挑战与机遇。

在经济全球化的大背景下，跨文化交流的需求日益增强。各国之间的商务、文化、科研等领域的交往越来越频繁，这无疑为英语教学提供了更加广阔的实践平台。学生有了更多的机会在真实的语境中使用英语，如参与国际会议、交流学习等。然而，这也意味着学生不仅要掌握语言知识，还需要具备丰富的文化背景知识和跨文化交际能力。对于教师来说，如何培养学生的文化意识和跨文化交际能力，如何与其他学科结合，为学生提供真实的语境和任务，成了英语教学的重要议题。

另外，英语在全球范围内的地位日益突出，已经成为许多国际公司和组织的工作语言。这为高校英语教学带来了更为实际的需求。许多公司在招聘时都要求应聘者具备一定的英语水平，甚至进行英语面试。这对高校英语教学提出了新的要求。传统的以考试为导向的教学模式已经难以满足现实需求，教学内容和方法需要进行创新和调整。教师需要注重培养学生的实际应用能力，如商务英语、会议英语等，使学生能够在工作中真正使用英语。

融合式教学允许学生访问各种在线资源，包括跨文化的内容、国际讲座和MOOCs。这为学生提供了更为广阔的知识视野，有助于增强他们的跨文化理解和沟通能力。融合式教学允许学生按照自己的进度和时间进行学习。例如，与国外学生进行实时的在线交流，或参加国际线上研讨会，既锻炼了他们的英语能力，又增强了他们的跨文化交往能力。

可以说，融合式教学模式为全球化带来的挑战提供了一种创新的教学策略。它有助于培养学生的跨文化交流能力，满足英语在国际环境中的实际应用需求，以及对多元文化的深入理解和尊重。

二、研究目的

本研究旨在深入探讨融合式课堂教学在高校英语教育中的理论与实践，具体目的如下。

（1）理解融合式教学的基础

通过对融合式教学的概念、特点和理论支撑的分析，为读者提供一个清晰的融合式教学框架。

（2）分析高校英语融合式课堂教学模式

对当前的融合式课堂教学模式进行概述，并探讨其在高校英语教育中的优势与挑战。

（3）设计与实施高校英语融合式课堂教学

从学习目标设定、学习资源整合、课堂活动设计以及学生角色转变等方面，为教育者提供具体的融合式教学策略和建议。

（4）评估融合式课堂教学的效果

深入探讨教学评价的重要性、目的和方法，以及如何通过评价结果为课程改进提供反馈。

（5）探索技术工具的应用

分析学习管理系统、多媒体技术、虚拟现实和增强现实技术在英语融合式课堂教学中的潜在应用，为教育者提供新的教学工具选择。

（6）考察跨学科融合在英语教学中的角色

通过探讨融合式课堂教学与跨学科教育的关联，为高校英语教育提供更为全面、综合的培养策略。

综上所述，本研究希望为高校英语教育者提供一个系统的融合式课堂教学指导，帮助他们更好地应对现代教育的挑战，提升教学效果和学生的学习体验。

第二节　研究问题和研究意义

一、研究问题

本研究旨在探索高校英语教育融合式课堂教学设计的理论与实践，主要包括以下问题。

（一）融合式教学的定义与核心

融合式教学的具体含义是什么？

融合式教学有哪些显著特点与其他教学模式的差异是什么？

支撑融合式教学的主要理论基础是什么？

（二）高校英语融合式课堂教学模式

当前的融合式课堂教学模式主要包括哪些元素？

融合式课堂教学在高校英语教育中有哪些明显的优势？

高校英语融合式课堂教学面临的主要挑战是什么？

（三）融合式课堂教学的设计与实施

如何设定有效的学习目标？

如何整合和创新学习资源以适应融合式课堂教学？

如何设计和组织高效的课堂活动？

学生在融合式课堂中的角色如何转变，如何参与？

（四）融合式课堂教学评价

为什么教学评价在融合式课堂中至关重要？

有哪些策略和工具可以有效评估融合式课堂教学的效果？

如何根据反馈改进融合式课堂教学？

（五）技术工具在融合式课堂的应用

哪些学习管理系统和在线资源最适合英语融合式课堂？

如何结合多媒体技术和互动性工具提高教学效果？

虚拟现实和增强现实技术在英语融合式课堂中的潜在价值是什么？

（六）跨学科融合与综合能力培养

融合式课堂教学如何与跨学科教育相结合？

如何在融合式课堂中培养学生的综合能力？

通过对上述问题的探索，本研究希望为高校英语教育的融合式课堂教学提供深入的见解和建议。

二、研究的意义

本研究的意义体现在以下几个方面。

（一）教育理念的刷新

通过对融合式课堂教学模式的探讨，能够帮助教育者理解和领会这种现代教学方法的核心理念和实践价值，进而推动高校英语教学从传统模式向更加现代、灵活的方向转变。

（二）教学策略的优化

本研究为教育者提供了一套完整的融合式课堂设计、实施和评价的策略和工具，有助于教师更有效地组织和管理课堂，满足学生多样化的学习需求。

（三）技术应用的深化

探讨技术在融合式教学中的应用，为教育者提供了如何结合技术工具优化教学的具体方案，进一步挖掘技术在教育中的潜力。

（四）跨学科教育的推进

研究融合式课堂与跨学科教育的关联，有助于推动高校英语教学从单一学科扩展到多学科交叉，培养学生的综合能力和跨领域思维。

（五）教育评估的深化

本研究提供了一系列关于融合式课堂教学评价的策略与工具，有助于教育者更加科学、系统地评估教学效果，从而做出针对性的改进。

（六）培训和专业发展

研究成果可以为教育培训机构提供参考，帮助培训更多具备融合式教学能力的教育者，促进教育行业的专业发展。

总的来说，本研究对于推动高校英语教学的创新与改革，提升教学效果，培养学生的综合素质和适应 21 世纪挑战的能力都具有深远的意义。

第三节 研究方法和框架

一、研究方法

为了获得对融合式课堂教学更为全面、深入和客观的理解，本研究主要采用了以下研究方法。

（一）文献研究

搜寻主要学术数据库以收集与主题相关的文章、研究报告和书籍，对收集的资料进行分类、总结和分析，明确本研究的定位。结合研究目的，提炼关键的理论观点和模型。

（二）案例设计

选择本校英语课程为研究对象，系统描述案例的背景、实践过程、使用的技术及其成果，对案例进行深入分析，挖掘其启示和教训。

（三）问卷调查

广泛收集学生、教师和教育管理者对融合式课堂教学的看法和体验。设计问卷，包括选择题、量表题和开放性问题。利用在线平台发布问卷，并设定回收时间。数据收集后，利用统计软件进行定量分析。

（四）深度访谈

为获取对于融合式课堂教学深入、细致的见解，选定访谈经验丰富的教师或主动参与的学生为对象，制定非结构化的访谈提纲，并预约访谈时间。

（五）技术工具应用分析

为评估各种技术工具在融合式课堂教学中的应用效果，选择待评估的技术工具，如学习管理系统、多媒体工具等。观察工具在课堂中的具体应用，并收集相关数据。

对所收集的数据进行分析，评估技术工具的实际效果、优缺点。

这套研究方法的设计旨在从多个角度深入探讨融合式课堂教学的特点、实践和效果，以确保研究的全面性和深入性。

二、研究框架

第一章导论简要就研究背景和目的、研究问题和意义、研究方法和框架三方面进行阐述，作为本书的开篇。

第二章探讨融合式教学的理论基础，包括其定义、特点和理论背景。通过对相关文献的综述和理论探讨，深入分析融合式教学在教育领域的重要性和应用前景。

在此基础上，第三章将重点探讨融合式教学在高校英语教育中的具体应用模式。通过案例研究和实地调查，深入了解融合式教学在高校英语教育中的实际应用情况、效果和挑战。

第四章关注高校英语融合式课堂的设计和实施过程。本章详细阐述学习目标的设定、学习资源的整合与创新，以及课堂活动的设计与组织，学生角色的转变与参与，以确保融合式课堂的有效实施。

融合式教学不是一成不变的，它是一个动态的过程，需要持续的改进，因此在第五章本书讨论了融合式教学的评价机制，研究融合式教学评价的目的、策略和工具，并探讨如何根据评价结果进行持续改进，以提高融合式教学的质量和效果。

第六章将重点研究技术工具在融合式教学中的应用与创新。通过深入探讨学习管理系统、在线资源、多媒体技术、互动性工具以及虚拟现实和增强现实技术的应用，以帮助高校英语教育更好地实施融合式教学。

最后在第七章中研究了融合式教学与综合能力培养的关系。探讨融合式教学如何促进学生跨学科学习，培养学生的创新能力、批判性思维和解决问题的能力。通过融合式教学，高校英语教育将更加全面地培养学生的综合能力。

第二章　融合式课堂教学理论基础

第一节　融合式教学的概念与特点

融合式教学是一种将传统教学与现代科技有机结合的教学模式，其应用在高校教育中已经逐渐受到重视和推崇。通过结合各种信息技术、多样化的教学方法以及在线学习资源，融合式教学为学生提供了更加丰富和灵活的学习体验，有助于促进深层学习和批判性思考。本节将从融合式教学的定义和起源入手，探讨其与其他教学模式的对比，进一步分析其核心特点以及适用范围。

一、融合式教学的定义及起源

（一）融合式教学的基本定义

融合式教学（blended learning），也称为混合式教学，是一种新型的教育教学模式，它将传统的面对面教学和现代的在线教学相结合，以创建一个更加灵活、多元和富有创新性的学习环境。融合式教学不仅是一种简单地将线上和线下教学方法混合的模式，它更是一种充分考虑学生的学习需求、教育资源和现代教育技术的整合方式。

融合式教学在国际教育领域已经受到了广泛的关注和研究。多年来，国外的研究者、教育专家和机构为融合式教学提供了各种定义。以下是一些主要的定义。

"一种教育程序的设计方法，其目的是优化学生的在线与面对面的互动，以增强学习经验"。

"一种结合传统的面对面教学方法和在线学习方法的教育模式。它旨在取得传统教学与在线学习的双重优势"。

"一种教育方法，学生通过在线学习，有时在成人的监督下进行，并且在线学习至少占据了一部分学习时间，并将学习路径和学习速度的控制权赋予学生"。

"一种结合了面对面指导和在线学习的方法，以改进学生的学习经验，增强他们的满意度并提高他们的学习成果"。

这些定义尽管有所不同，但它们的核心思想都是强调了融合式教学模式中线上和线下学习相互补充的重要性，并关注学生的学习体验和成果。总结其内涵如下。

1. 教学组合

融合式教学模式下，教育者需要结合不同的教学策略，如小组讨论、实践活动、线上讲座和互动式学习等，来构建一个完整的学习经验。

2. 学习者中心

融合式教学更加注重学生的学习经验和个性化学习路径。通过线上平台，学生可以根据自己的进度和兴趣选择学习资源，而面对面的互动则加强了师生之间的交流与合作。

3. 技术与资源的整合

在融合式教学中，现代技术工具和教育资源被充分利用。无论是在线教育平台、数字化教材，还是互动式学习工具，都为教学增添了更多的可能性。

4. 时间与空间的灵活性

融合式教学模式下，学习不再局限于特定的时间和地点。学生可以选择在家中、图书馆或其他任何有网络的地方进行学习，而教师则可以根据学生的需求和进度灵活地调整教学策略和内容。

总之，融合式教学是对传统教学模式的一种创新和挑战，它不仅能够满足当代学生多样化的学习需求，还能为教育者提供一个更加开放、创新和高效的教学环境。

（二）融合式教学的历史发展

融合式教学的历史发展是一个涉及技术、教育方法和全球教育需要变化的复杂过程。此过程展现了如何把传统的教育方式与现代技术结合，以满足学生和教育者日益增长的需求。

在 20 世纪六七十年代，随着电视和录像机的出现，远程教育开始流行。这些早期的尝试主要侧重于将教学内容传输给偏远地区的学生。尽管这些方法现在看起来可能已经过时，但它们确实为今天的融合式教学模式奠定了基础，因为它们强调了技术在提供教育机会方面的潜在作用。

进入 20 世纪八九十年代，随着计算机和互联网的普及，远程教育和在线学习开始受到重视。学习管理系统（如 Blackboard 和 Moodle）开始进入教育领域，为学生和老师提供了一个在线交流和学习的平台。此时，虽然在线教育成了可能，但很多学者和教育者开始意识到，纯在线教育与传统的面对面教育都有其局限性。

到了 21 世纪初，随着技术的进步和教育方法的不断创新，融合式教学开始受到越来越多的关注。它被视为一种介于纯在线学习和传统面对面学习之间的方法。这种方法充分利用了在线学习的灵活性和可访问性，同时也利用了面对面互动的深度和即时性。

2019 年底疫情暴发之后，融合式教学得到了前所未有的推动。许多学校和大学被迫转向在线学习，但随着时间的推移，教育者和学者开始意识到，结合线上和线下的优势是提供高质量教育的关键。因此，融合式教学成了教育转型的核心策略。

总的来说，融合式教学的历史发展是一个不断演进和适应技术和教育需求变化的过程。从早期的电视和录像教育，到现代的线上线下结合模式，融合式教学已经成为现代教育的一个重要组成部分。

二、融合式教学与其他教学模式的对比

（一）与传统教学的差异

融合式教学是一种相对于传统教学模式而言的新型教学方法，它试图将不同教学元素和策略有机地结合在一起，以提高学习效果和学生的综合能力。英语融合式教学与传统教学的不同之处表现在以下几个方面。

1.学习目标的设定不同

传统教学通常着重于知识的传授和考试成绩的提高。教师通常会围绕课本和教学大纲进行教学，以讲解考试重点为主，而学生的学习目标主要是应付考试。而融合式教学更关注学生的综合能力培养，强调学生在语言技能、思维能力、合作精神等方面的全面发展，学习目标更加多元化。

2.教学内容的组织

传统教学通常按部就班地按照教科书的顺序进行教学，教师主导课堂内容，学生被动接受。而融合式教学强调将不同形式的教学内容有机地融合在一起，比如可以将听、说、读、写等语言技能结合起来，通过项目、实践等方式让学生在实际情境中学习和运用知识。

3.学习方式和角色

传统教学中，教师扮演着知识传授者和权威者的角色，学生则是被动的接受者。而融合式教学中，教师更像是学习的引导者和合作伙伴，鼓励学生自主学习、探究和交流，发挥主动性和问题解决能力。

4.评价方式

传统教学往往侧重于通过考试成绩来评价学生的学习成绩，这无法全面反映学生的学习情况和综合能力。融合式教学则更注重对学生综合能力的评估，可以通过项目展示、实践成果、小组讨论等多种方式进行评价，更加全面地了解学生的学习情况。

5.课堂氛围

传统教学中，课堂往往是严肃、单一的，教师的话语权较高。而融合式教学鼓励学生参与互动，课堂氛围更加轻松活跃，学生有更多的机会表达和分享自己的想法。

总体来说，融合式教学相较于传统教学更加注重学生的主体性和参与性，尊重学生的兴趣和需求，培养学生的综合能力，让学生在学习过程中更积极、更有效地获取知识，并能在实际生活中灵活运用。而传统教学则更侧重于知识传授和考试成绩，学生的角色相对被动。

（二）与完全在线教学的差异

融合式教学与完全在线教学虽然都依赖信息技术，但它们是两种不同的教学模式，在教学内容、学习方式、教学资源等方面存在一些明显的差异。

1. 教学环境

融合式教学通常是在传统的实体教室环境中进行的，学生和教师面对面交流，可以进行小组合作、讨论和实地实践等活动。而完全在线教学是指学生和教师都在互联网上进行教学和学习，没有面对面的接触。学生可以在任何时间、任何地点通过电脑或其他设备来参与在线课程。

2. 学习互动

融合式教学注重学生与教师之间的互动和学生之间的合作交流。教师可以即时给予反馈和指导，学生可以在课堂上提问和回答问题。而完全在线教学的互动更多地依赖于在线平台的功能，如在线讨论论坛、即时消息和电子邮件等，学生和教师之间的互动有一定的延时。

3. 学习资源

融合式教学通常结合了传统教学资源和多媒体教学资源，如教科书、讲义、幻灯片、视频等，教师可以根据学习内容选择合适的教学资源。而完全在线教学则更加依赖于电子化教学资源，学生可以通过网络获取大量的在线学习材料，包括视频课程、电子书籍、网络文章等。

4. 学习灵活性

完全在线教学的一个显著特点是学习的灵活性。学生可以根据自己的时间安排和节奏来学习，没有固定的上课时间和地点。而融合式教学虽然也可以在一定程度上灵活安排学习活动，但仍然需要学生在规定的课堂时间到达实体教室参与教学活动。

5. 学习效果评估

在融合式教学中，教师可以实时观察学生的学习情况并进行及时评估。课堂上的讨论、互动和表现都可以成为评估学生学习效果的依据。而在完全在线教学中，教师需要依靠在线考试、作业和其他在线评估方式来了解学生的学习情况。

融合式教学和完全在线教学都是教育领域的重要探索，它们各自具有独特的优势和适用场景。融合式教学强调面对面互动和综合性学习，适合更加注重学生合作和交流的情境。完全在线教学则提供了更大的灵活性和自主学习的机会，适合那些需要自主安排学习时间和地点的学习者。

三、融合式教学的核心特点

（一）自主性与灵活性

融合式教学的核心特点之一是自主性与灵活性。这意味着在融合式教学中，学习者和教育者都被赋予更多的自主权和选择权，以适应不同学习风格和学习需求。

1. 自主性

在融合式教学中，学习者被鼓励主动参与学习过程，积极主动地设定学习目标、规划学习路径和选择学习资源。学习者可以根据自己的学习进度和兴趣进行学习，有更大的选择权来决定学习内容和学习方式。

2. 灵活性

融合式教学强调适应性和灵活性，教育者可以根据学生的不同需求和学习进度调整教学内容和教学方式。教师可以运用多种教学方法和资源，包括实地考察、小组合作、讨论、在线学习等，让学生能够在多种情境下学习和应用知识。

3. 个性化学习

融合式教学注重满足每位学生的个性化学习需求。学习者可以根据自己的学习风格和能力选择适合自己的学习方式和学习资源。教育者也可以通过了解学生的学习特点和学习需求，为他们提供更有针对性的指导和支持。

4. 弹性学习时间和地点

融合式教学提供了更灵活的学习时间和地点。学习者可以在自己方便的时间和地点进行学习，不再受限于传统教室教学的时间和地点。这样的安排使得学习者能够更好地平衡学习与其他生活需求。

通过自主性和灵活性，融合式教学旨在激发学习者的学习动力和学习兴趣，提高学习的效果和质量。学习者在更自主、更灵活的学习环境下，更有可能发挥自己的潜能，培养自主学习能力和终身学习的习惯。同时，教育者也需要适应这种教学方式，成为学习的引导者和合作伙伴，鼓励学生自主探究和合作学习，以实现教育的最终目标：培养学生全面发展的个体。

（二）实时交互与深度反思并存

融合式教学的另一个核心特点是实时交互与深度反思的并存。这意味着学习者在学习过程中既能够进行即时的互动和交流，又能够进行深度的思考和反思，从而促进学习的全面发展和提高学习效果。

1. 实时交互

融合式教学强调学习者与教育者之间以及学习者之间的实时交流和互动。在实体教室中，学生可以在课堂上与教师进行讨论和提问，教师可以及时给予反馈和指导。在在线教学中，学生可以通过在线讨论、视频会议等方式与教师和同学进行实时交流。这样的实时互动可以激发学习者的学习兴趣，促进知识的传递和理解。

2. 深度反思

除了实时交互，融合式教学还鼓励学习者进行深度反思。学习者在学习过程中被鼓励思考和探索问题的本质，关联知识与实际情境，形成更深刻的理解和洞察。教育者可以通过提供开放性问题、引导性讨论和反思作业等方式，促使学生进行深度思考，帮助他们发展批判性思维和问题解决能力。

3. 学习反馈

实时交互和深度反思相结合，也有助于学习者获得有效的学习反馈。学生可以在实时交互中得到教师和同学的反馈，及时了解自己的学习进度和学习成果。同时，深度反思也为学生提供了对自己学习过程和学习结果的深入思考和评估，帮助他们更好地了解自己的学习优势和不足，有针对性地进行调整和提升。

通过实时交互和深度反思的并存，融合式教学可以更好地满足学习者的不同需求和学习风格。实时交互可以增强学习的活跃性和参与性，提供及时的指导和支持。深度反思则有助于学习者形成扎实的知识结构和批判性思维，培养自主学习和自我提高的能力。同时，教育者在教学中也需要灵活运用不同的教学方法和策略，根据学习情况和学习目标合理安排实时交互和深度反思的教学环节，从而实现融合式教学的最终目标，促进学生全面成长和终身学习的发展。

四、融合式教学的应用范围

融合式教学是一种灵活多样的教学方法，适用于各种学科和领域。它不局限于特定学科，而是强调将不同学科的知识和技能有机地融合在一起，以提高学习效果和学生的综合能力。以下是融合式教学适用的一些学科和领域。

（一）语言学科

在语言学科中，融合式教学是一种广泛应用的教学方法。无论是母语教学还是外语教学，融合式教学都能够将听、说、读、写等语言技能有机地结合在一起，通过实际情境和项目活动，帮助学生在实践中提高语言运用能力。

融合式教学的特点在于创造真实的语言学习情境。教师可以通过项目活动、实地考察等方式，让学生在实际情境中进行语言交流和表达。这样的实际情境可以帮助学生更好地理解和应用语言，提高他们的交际能力和语言运用能力。

融合式教学注重综合语言技能的训练。传统教学中，听说读写通常是分开进行的，而融合式教学将这些技能有机地结合在一起。学生可以通过听力练习、口语交流、阅读材料和写作任务，全面学习和应用语言，从而提高语言的综合运用能力。

融合式教学也强调学生之间的合作与互动。学生可以在小组中合作完成项目任务，共同解决问题，提高团队合作和沟通能力。教师在其中扮演激励者和引导者的角色，促进学生之间的互动和交流。

多媒体和技术在融合式教学中发挥重要作用。通过使用视频、音频、互动课件等多媒体工具，教师能够为学生提供更丰富、生动的语言材料，增加学习的趣味性和吸引力，激发学生的学习兴趣。

融合式教学在语言学科中的应用能够激发学生的学习动力和学习兴趣，提高他们的语言能力和交际能力。学生通过实际情境和项目活动的实践学习，能够更好地掌握语言知识，并在实际交流中提高语言运用的自信和能力。融合式教学也强调学生的主动性和自主学习能力，培养学生终身学习的习惯，让他们成为更自信、更灵活的语言使用者。

（二）自然科学

在自然科学领域，融合式教学将科学课程与数学、技术和工程等学科相融合，旨在培养学生的科学思维和实践能力，通过项目和实验，让学生在实际探究中学习科学知识。

融合式教学的关键特点在于跨学科融合。传统的科学教学通常将不同学科的知识进行独立传授，而融合式教学则将这些学科知识有机地结合在一起。例如，学生在学习物理学时，可以结合数学进行计算和建模，学习生态学时可以结合地理进行实地考察和研究。这样的融合使得学生从多个学科角度来理解和探究科学问题，增加了学科间的联系和综合学习的视角。

融合式教学也强调学生的实际探究和项目活动。学生通过实验、观察、调查等活动，亲身体验科学实践的过程。这种实践性学习让学生更加深入地理解科学概念和原理，同时培养学生的观察力、实验设计能力以及解决实际问题的能力。

融合式教学在技术支持方面也借助多媒体技术。通过使用动画、模拟软件、虚拟实验等，学生可以进行模拟实验和观察，加深对科学现象的理解。这样的多媒体技术不仅增加了学习的趣味性和互动性，还提供了更丰富的学习资源。

（三）跨学科研究

跨学科研究是一种综合性研究方法，涉及多个学科领域，旨在解决复杂问题和挑战。融合式教学为跨学科研究提供了有效的教学模式。

融合式教学强调将不同学科的知识有机地整合在一起。在跨学科研究项目中，学生能够从多个学科角度来理解和解决问题，深入探究复杂问题的各个方面。

跨学科研究强调学生之间的合作和交流，而融合式教学正是鼓励学生之间的合作。在小组合作中，学生可以共同解决复杂问题，发挥各自的学科优势，提高团队合作和沟通能力。

融合式教学培养学生综合运用知识和方法的能力，这在跨学科研究中尤为重要。学生需要灵活运用各种研究方法和技巧来探索和解决问题。

跨学科研究鼓励创新性成果，而融合式教学激发学生的创新能力。在跨学科研究项目中，学生有机会提出新颖的观点和解决方案，为解决实际问题带来新的视角和创新性的成果。

融合式教学强调学习与实践的结合，这与跨学科研究的实际应用密切相关。学生能够在实际问题中进行跨学科研究，将学到的知识和技能应用于实际场景，增强学生的实践能力。

通过融合式教学的跨学科研究，学生能够培养批判性思维、综合分析和解决问题的能力。他们不仅能够深入理解学科之间的关联性，还能够培养跨学科思维和创新能力，为未来的学习和职业发展打下坚实的基础。同时，跨学科研究也有助于培养学生的团队合作精神和领导才能，提高他们在现实问题中协作解决的能力。融合式教学在跨学科研究中发挥着重要的作用，为学生全面发展和终身学习奠定坚实的基础。

（四）职业教育

在职业教育和技术培训领域，融合式教学已经成为一种有效教学策略。融合式教学将理论学习与实际技能训练相结合。学生不仅学习相关的理论知识，还有机会在实践中应用所学知识，提高技能水平。通过实际操作和实操训练，学生能够更好地掌握职业技能，为日后的职业生涯做好准备。

融合式教学强调学生的实践能力和职业能力。学生在实际工作情境中进行技能训练，培养实际操作的熟练程度，使其具备更强的适应能力和实践能力。这有助于学生更好地适应职业市场的需求，提高他们在职业中的竞争力。

融合式教学鼓励学生参与行业实践，并提供导师指导。通过参与实际的职业环境，学生可以与专业人士进行交流和互动，获得实际经验和指导，加深对职业的了解。这种实践与导师指导相结合的方式，为学生的职业发展提供了更加全面和实用的支持。

融合式教学还注重满足学生的个性化学习需求。不同学生在职业兴趣、职业目标和学习进度上可能有所差异。融合式教学提供了个性化学习指导和支持，使每个学生都能够在自己的学习节奏下获得最大的发展空间。

融合式教学因其特点与优势，可以应用于广泛的学科和领域，它突破了传统学科边界，促进不同学科之间的交叉和融合，提高学生的综合能力和创新思维。通过将知识和技能有机结合，让学生在实际情境中学习和应用，融合式教学可以为学生提供更丰富、更综合的学习体验。

第二节　融合式教学的理论支撑

融合式教学借鉴并融合多种理论来构建综合的教学模式。这种教学方法涵盖了不同领域的教育理论和认知理论。

一、教育理论

（一）建构主义理论

建构主义理论认为学习是学生主动构建知识的过程，通过与环境互动来建构新的理解和意义。在融合式教学中，建构主义理论起到了重要的作用，为教学提供了有益的指导和支持。

1.建构主义理论强调学生的主动参与

融合式教学将学生置于学习的中心，鼓励学生积极参与教学过程。学生通过线上和线下的交互，自主选择学习路径和学习方式，激发他们的学习兴趣和动力。这种主动参与的学习方式使学生更加主动地构建知识，而不仅仅是被动接收知识。

2.建构主义理论强调学习的社会性

学习是一种社会性活动，学生通过与他人的交流和合作，共同构建知识。在融合式教学中，学生可以通过在线讨论、协作学习等方式，与同伴互动交流，从不同角度获取信息和见解。这样的社会性学习环境有助于拓展学生的思维，促进深层次的学习。

3.建构主义理论支持个性化学习

每个学生的学习方式和兴趣都不同，教学应该根据学生的个性化需求进行灵活调整。融合式教学提供了丰富多样的教学资源和工具，教师可以根据学生的学习风格、学习进度和兴趣，量身定制学习活动和任务，以满足不同学生的学习需求。

4.建构主义理论强调学习的应用和实践

学习要与现实生活和实际问题紧密结合，将学习应用于解决实际问题。融合式教学通过整合多种教学资源和技术，提供更贴近实际的学习体验，让学生能够将所学知识应用于解决实际问题，增强学习的实用性和适应性。

5.建构主义理论鼓励学生进行反思和自我评估，发展元认知能力

融合式教学通过在线学习平台和多媒体资源，为学生提供了记录学习笔记、参与讨论、反思学习过程的机会，培养学生自我监控和调整学习策略的能力。

（二）社会学习理论

社会学习理论是一种重要的学习理论，强调学习是通过观察和模仿他人行为，以及与他人的交流和合作而实现的。在融合式教学中，社会学习理论提供了有益的指导原则，促进了学生的社交互动、合作学习和共享知识的实现。

1.合作学习与协作学习

社会学习理论强调学习的社会性，认为学生通过与他人的交流和合作，共同构建知识。在融合式教学中，合作学习和协作学习成为常见的教学方式。学生可以通过在线平台进行小组讨论、项目合作等活动，与同伴一起解决问题，分享观点和见解，促进深层次的学习和知识的共享。

2.社区实践和社会情境的重要性

社会学习理论认为学习需要将知识应用于实际情境中。融合式教学通过整合线上和线下的学习环境，鼓励学生参与社区实践和现实生活中的学习活动。通过社交媒体、虚拟实境等工具，学生可以更好地体验和探索真实社会情境，将所学知识与实际问题相结合，增强学习的实用性和适应性。

3.观察和模仿他人行为

社会学习理论认为学习是通过观察和模仿他人行为而实现的。在融合式教学中，教师可以通过多媒体资源、在线演示等方式，为学生展示优秀的学习范例和行为模式，激励学生进行学习行为的模仿和学习策略的借鉴。

4.学习者之间的交流和合作

社会学习理论强调学生之间的交流和合作对学习的重要性。融合式教学通过在线讨

论、社交媒体等平台，促进学生之间的交流和互动，让学生在互相讨论、分享和解决问题的过程中相互学习和借鉴，丰富学习的内容和视角。

（三）活动理论

活动理论强调学习是与实际情境相结合的社会活动。在融合式教学中，活动理论提供了重要的指导原则，促进了学习与实践的融合、学习者的主动参与和学习成果的应用。以下是融合式教学中活动理论的应用。

1.学习与实际情境的融合

活动理论认为学习应该与实际情境相结合，使学习更具意义和价值。融合式教学通过整合线上和线下的学习资源和活动，为学生提供了更贴近实际的学习体验。学生可以通过虚拟实境、实地考察等方式，将学习与实际情境相融合，增强学习的实用性和应用能力。

2.学习活动的开放性和探索性

活动理论强调学习活动应该具有开放性和探索性。融合式教学提供了多样化的学习资源和工具，学生可以根据自己的兴趣和需求，选择学习内容和学习方式，开展自主探索和学习活动。这种开放性和探索性的学习环境激发了学生的主动学习意愿和学习动力。

3.学习者的主动参与

活动理论认为学习是学习者积极参与和实践的过程。融合式教学强调以学生为中心，鼓励学生主动参与学习活动，通过在线平台、多媒体资源等方式，让学生在学习中充分发挥主体作用，积极构建知识和解决问题。

4.学习成果的应用

活动理论强调学习成果的应用是学习过程的重要部分。融合式教学通过提供实践项目、学习任务等方式，让学生将所学知识和技能应用于实际情境中，解决现实问题。这种学习成果的应用增强了学习的意义和有效性。

二、认知理论

（一）多元智能理论

多元智能理论是由心理学家霍华德·加德纳在20世纪80年代提出的一种学习理论。该理论认为人类的智力不是单一的，而是由多种独立的智能组成，每种智能都在特定领域中发挥作用。加德纳最初提出了七种智能类型，后来又增加了第八种，总结为以下九种多元智能。

1.语言智能

语言智能是指人们在语言理解、运用和表达方面的能力。喜欢阅读、写作、演讲和讲故事的人通常具有较高的语言智能。

2.逻辑数学智能

逻辑数学智能是指人们在逻辑推理、数学运算和解决问题方面的能力。喜欢进行推理、解决问题和探索科学原理的人通常具有较高的逻辑数学智能。

3. 空间智能

空间智能是指人们在空间感知、图像思维和空间导航方面的能力。喜欢绘画、设计、拼图等活动的人通常具有较高的空间智能。

4. 音乐智能

音乐智能是指人们在音乐理解、演奏和创作方面的能力。喜欢音乐、对音调和节奏敏感的人通常具有较高的音乐智能。

5. 身体动觉智能

身体动觉智能是指人们在身体协调、动作控制和体育活动方面的能力。喜欢体育运动、舞蹈和手工制作的人通常具有较高的身体动觉智能。

6. 人际智能

人际智能是指人们在理解他人、交往沟通和社交技巧方面的能力。喜欢与他人合作、善于领导和协调的人通常具有较高的人际智能。

7. 自我认知智能

自我认知智能是指人们在了解自己、自我管理和情绪调节方面的能力。喜欢反思、自我评估和自我控制的人通常具有较高的自我认知智能。

8. 自然观察智能

自然观察智能是指人们在观察自然、理解生物和环境方面的能力。喜欢研究动植物、关注自然现象的人通常具有较高的自然观察智能。

9. 存在智能

存在智能是指人们在探索人生意义和哲学思考方面的能力。这是加德纳后来提出的一种智能类型，强调人们对存在问题的思考和反思。

多元智能理论的核心思想是每个人在不同智能领域有不同的优势和特长，每种智能类型都是独立发展的。因此，教育应该关注每个学生的多元智能发展，提供多样化的学习活动和资源，满足学生的个性化学习需求，让每个学生都能在自己擅长的领域充分发挥优势，实现全面的学习和发展。

在融合式教学中，多元智能理论提供了有益的指导原则，促进了学生的多样化学习和发展。

1. 多样化教学策略

多元智能理论认为每个人在不同智能领域有不同的优势和特长。在融合式教学中，教师可以根据学生的多元智能类型，采用不同的教学策略和教学资源，满足不同学生的学习需求。例如，对于视觉—空间智能较强的学生，可以使用图表、图片等视觉化的教学材料；对于语言—逻辑智能较强的学生，可以通过文字和讲解来进行教学。

2. 个性化学习

多元智能理论强调学习的个性化，每个学生的智能类型不同，因此教学应该根据学生的个体差异进行个性化调整。融合式教学提供了丰富多样的学习资源和工具，教师可以根据学生的多元智能特点，设计个性化的学习任务和学习活动，让每个学生在自己擅长的领域得到更好的发展。

3.综合智能的培养

多元智能理论认为智力是可以培养和发展的。在融合式教学中，教师可以通过整合不同智能领域的学习内容和活动，培养学生的综合智能。例如，设计综合性的项目任务，让学生在解决问题的过程中运用不同智能类型的技能，提高学生的综合学习能力。

4.学习动机的激发

多元智能理论认为学生在自己擅长的领域更容易获得成功和满足感，从而激发学习动机。融合式教学提供了丰富多样的学习机会，让学生能够在自己擅长的领域充分发挥优势，增强学生对学习的兴趣和动力。

5.全面评估学生的发展

多元智能理论强调学生在不同智能领域的发展。融合式教学通过多种形式的评估方式，可以全面了解学生的多元智能类型和发展情况，帮助教师更好地调整教学策略，满足学生的学习需求。

（二）认知负荷理论

认知负荷理论是由德国心理学家约翰·施瓦尔茨于1988年提出的学习理论。该理论旨在解释学习过程中的认知负荷，即学习任务对学习者认知资源的需求和消耗。认知负荷理论主要包括三个类型的负荷：内在认知负荷、外在认知负荷和循环认知负荷。

1.内在认知负荷

内在认知负荷是学习任务本身所具有的难度和复杂性，以及学习者理解和处理学习材料所需的认知资源。简单直观的任务通常具有较低的内在认知负荷，而复杂抽象的任务则具有较高的内在认知负荷。当学习者面临过高的内在认知负荷时，可能会导致学习效果下降，因为学习者的认知资源被过多地用于理解任务本身，而无法深入思考和学习。

2.外在认知负荷

外在认知负荷是学习过程中与学习任务无关的干扰因素，它来自学习环境和教学材料的呈现方式。例如，杂乱的学习环境、复杂难懂的教学材料、不清晰的讲解等都可能增加学习者的外在认知负荷。降低外在认知负荷可以让学习者更好地集中注意力和精力，更有效地处理内在认知负荷，提高学习效果。

3.循环认知负荷

循环认知负荷是指学习者在处理学习任务时所需的深层次思考和加工，它有助于学习任务的理解和记忆。与内在认知负荷和外在认知负荷不同，循环认知负荷并非消耗学习者的认知资源，而是促进学习者的认知加工和知识结构的形成。增加循环认知负荷有助于加深学习效果和知识的迁移。

在教学实践中，认知负荷理论强调教师应当精心设计学习任务和教学材料，避免过高的内在认知负荷和外在认知负荷，同时增加循环认知负荷，以提高学习效果。教师可以采用分步引导、示范演示、提示和反馈等策略，帮助学习者有效处理认知负荷，提升学习效率和学习成果。融合式教学中，教师可以利用多媒体资源和在线学习平台，优化学习环境和教学材料的呈现方式，降低外在认知负荷，提高学习者的学习体验和学习效果。

（三）情境学习理论

情境学习理论是由美国心理学家杰罗姆·布鲁纳于 20 世纪 60 年代提出的一种学习理论。该理论强调学习应该建立在有意义的情境中，学习者通过积极参与和探索情境，构建新知识并与既有知识相结合。情境学习理论的核心概念包括主动性、探索性和建构性。

1. 主动性

情境学习理论认为学习者应该是学习过程的主动者，而不是被动接受知识的接收者。学习者通过积极参与和探索情境，主动地构建知识和意义。教师在情境学习中扮演的角色是指导者和促进者，鼓励学习者积极参与学习活动，发现问题、解决问题，并从中获得学习的经验和启示。

2. 探索性

情境学习理论强调学习者应该通过探索和发现来获取知识。学习者在情境中自主地探索信息、发现规律、提出问题，并通过实践和实验来验证和确认自己的理解。这种探索性学习过程使学习者更深入地理解和掌握知识，同时培养了学习者的批判性思维和解决问题的能力。

3. 建构性

情境学习理论认为学习是一种建构性的过程，学习者将新的知识和信息与既有的知识结合在一起，形成新的意义和理解。学习者在情境中通过自我解释、归纳、类比等认知过程来构建知识，将学习过程转化为个体内部的认知结构。这种建构性的学习使学习者能够将学到的知识应用于实际问题，并形成更深层次的理解。

在融合式教学中，情境学习理论强调教学应该注重学习情境的创设和学习任务的设计，提供丰富多样的学习体验和学习机会。教师可以利用虚拟实境、实地考察、情景模拟等方式，创设真实和有意义的学习情境，激发学习者的主动性和探索性，促进学习者的建构性学习。同时，教师应该充分了解学习者的背景知识和学习需求，引导学习者将新知识与既有知识相连接，促进知识的深入理解和应用。融合式教学通过整合多种教学资源和技术，为情境学习提供更广阔的学习空间，丰富学习情境，提高学习者的学习效果和学习体验。

三、技术理论

（一）信息加工理论

信息加工理论是一种心理学理论，它探讨了人类在接收、存储、处理和检索信息时的认知过程。该理论强调学习者的认知系统类似于信息处理系统，通过不同的加工过程来处理外界的信息。在融合式教学中，信息加工理论提供了有益的指导原则，优化学习材料和教学活动，促进学习者的深度学习和知识迁移。以下是融合式教学中信息加工理论的应用。

1.多通道呈现信息

信息加工理论指出学习者可以通过多种感觉通道接收信息，包括视觉、听觉、触觉等。融合式教学通过整合多种教学资源和技术，如文字、图像、音频和视频等，以多通道的方式呈现学习信息，帮助学习者更好地理解和记忆学习内容。

2.增加信息的可理解性

信息加工理论认为学习者对信息的理解和记忆受到信息的可理解性影响。在融合式教学中，教师应该选择清晰简明的教学材料，避免信息过于复杂或晦涩难懂，以提高学习者对信息的理解和掌握。

3.主动参与和深层加工

信息加工理论强调学习者在学习过程中的主动参与和深层加工。融合式教学通过提供多样化的学习活动和任务，鼓励学习者积极参与学习，进行深层次的加工和思考，从而提高学习效果和知识迁移。

4.反馈和巩固学习

信息加工理论强调反馈对学习的重要性，及时的反馈可以帮助学习者纠正错误，加强对知识的巩固。在融合式教学中，教师可以通过在线测验、作业提交等方式及时给予学习者反馈，帮助他们检查学习成果，巩固学习内容。

5.学习信息的组织和编码

信息加工理论指出学习者在接收信息后，需要对信息进行组织和编码，将其与既有知识相结合。融合式教学可以通过整合不同学习资源和教学活动，帮助学习者将新知识与既有知识进行联系，形成更为完整和有意义的学习结构。

（二）教育技术整合理论

教育技术整合理论是指教育中将技术有效融入教学和学习过程，以提高教学效果和学习成果的一种理论。它强调教育技术应当成为教学的有机组成部分，与教学内容、教学方法和学习者的需求相结合，实现教学的优化和创新。教育技术整合理论主要包括以下几个重要方面。

1.教学目标导向

教育技术整合理论强调教学目标是教学的核心，教育技术的应用应当服务于教学目标的实现。教师在整合教育技术时应该明确教学目标，选择适合的技术工具和资源，使其有助于促进学习者的学习和发展。

2.多样化教学策略

教育技术整合理论认为教学策略应当多样化，教师可以根据不同的教学内容和学习者的特点选择合适的教学方法和教育技术。在融合式教学中，教师可以结合线上和线下教学资源，采用在线学习平台、虚拟实境、游戏化教学等多种教育技术，为学习者提供更丰富多样的学习体验。

3.学习者中心

教育技术整合理论强调将学习者置于教学的中心地位。教师应该关注学习者的个体差异和学习需求，根据学习者的特点选择合适的教育技术和学习资源，提供个性化的学习支持和辅导。

4.激发学习动机

教育技术整合理论认为教育技术应当激发学习者的学习动机和兴趣。通过利用多媒体、游戏化教学、互动学习等教育技术，教师可以创造积极的学习环境，提高学习者的学习积极性和主动性。

5.教师的角色转变

教育技术整合理论要求教师从传统的知识传授者转变为学习的引导者和促进者。教师在融合式教学中应当灵活运用教育技术，充分发挥技术在教学中的作用，同时及时调整和改进教学策略，提供必要的支持和指导。

教育技术整合理论强调教育技术与教学内容、教学方法和学习者的需求相结合，促进教学的有效性和创新性。融合式教学作为一种整合多种教育技术的教学模式，正是符合教育技术整合理论的要求，通过整合在线学习平台、多媒体资源、虚拟实境等技术手段，优化教学过程，提高学习效果，促进学生全面发展。

总之，正是由于以上强大的理论支撑，融合式教学成为一种广受欢迎且行之有效的教学方法。融合式教学将传统教学和现代技术有机地结合在一起，为教育带来了许多益处和创新。

第三节　融合式课堂设计原则与方法

在当今信息化和全球化的教育环境中，教学方法和课程设计都在不断演变和创新。融合式课堂设计作为一种前瞻性的教学模式，也需要遵循一定的设计原则和方法，本节就对此展开研究。

一、设计原则概述

（一）以学生为中心

融合式教学的课堂设计要遵循以学生为中心的原则，这一原则体现了教育教学的核心价值观和目标，同时也与融合式教学的理念和特点紧密契合。

1. 关注学生的个体差异

每个学生都是独特的，有着不同的学习风格、学习节奏和学习需求。以学生为中心的原则强调个体差异的重要性，教师在融合式课堂设计中应该根据学生的特点和需求，提供个性化的学习支持和指导，使每个学生都能够在自己的学习过程中获得成功。

2. 激发学生的学习动力

以学生为中心的原则强调学生的主动参与和合作。在融合式教学中，学生通过多样化的教学活动和互动式学习体验，可以更加积极地参与学习，激发学习动力和兴趣。教师通过关注学生的学习兴趣和需求，设计引人入胜的学习任务，让学生感受到学习的乐趣和意义。

3. 提供个性化学习体验

融合式教学的特点是整合多种教学资源和技术，为学生提供个性化、丰富多样的学习体验。在以学生为中心的原则指导下，教师可以根据学生的学习能力、兴趣和目标，选择适合的教学内容和教学方法，使学生能够根据自己的需求和兴趣自主学习。

4. 促进学生全面发展

以学生为中心的原则不仅关注学术知识的传授，还强调学生的全面发展。在融合式教学中，教师可以通过多样化的教学策略和技术工具，培养学生的创新思维、批判性思维和解决问题的能力，帮助他们成为具有全面素养的终身学习者。

（二）灵活性与结构化并存

灵活性与结构化并存是融合式教学的另一个重要设计原则，它强调在教学过程中要保持一定的灵活性，同时又不能忽视教学的结构和组织。这一原则的重要性在于能够在保持教学秩序和目标的前提下，更好地适应学生的个体差异和学习需求，提供更灵活多样的学习体验。

1. 个性化学习

灵活性与结构化并存的原则强调教学应该根据学生的个体差异和学习需求进行个性化的设置。在融合式教学中，教师可以根据学生的学习风格、学习节奏和学习目标，设计个性化的学习计划和教学内容，使每个学生都能在适合自己的学习环境中获得最佳的学习效果。

2. 弹性学习路径

灵活性与结构化并存的原则允许学生在学习过程中根据自己的学习进展和兴趣选择不同的学习路径。融合式教学通过整合多种教学资源和技术，为学生提供多样化的学习活动和学习资源，让学生能够根据自己的需求和兴趣进行自主学习，实现学习的个性化。

3. 教学活动的变化

灵活性与结构化并存的原则要求教学活动在一定的结构和目标下保持一定的灵活性和多样性。在融合式教学中，教师可以灵活运用不同的教学策略和技术，如小组讨论、互动学习、实践任务等，让学生通过不同形式的活动参与学习，增强学习的趣味性和吸引力。

4. 自主学习与合作学习结合

灵活性与结构化并存的原则要求将自主学习和合作学习相结合。融合式教学鼓励学生主动参与学习，自主探索知识，同时也鼓励学生通过合作与交流共同构建知识。教师可以根据不同的学习内容和目标，灵活安排自主学习和合作学习的比例，以满足不同学生的学习需求。

二、任务驱动的课程设计

（一）实践中的学习任务分析与设计

在融合式教学中，实践中的学习任务分析与设计是为学生提供有意义、有挑战性和实践性学习体验的重要环节。任务驱动的课程设计强调学生在解决实际问题和应用场景中主动学习，使学习过程更加贴近现实，提高学习的实用性。

实践中的学习任务分析首先需要教师对学习目标进行明确规划。教师应该明确学生需要掌握的知识、技能和能力，同时考虑学生的学习背景和兴趣，以确保任务具有针对性和可行性。

其次，教师应该选择与学习目标和学科内容相适应的实践任务。这些任务可以是探究性的项目研究、实验和调查，也可以是社区服务和实地考察等。通过与实际生活相关的任务，学生可以更深入地理解和应用所学知识。

再次，在设计实践中的学习任务时，教师可以借助多媒体技术和教育资源，为学生提供丰富的学习材料和支持。同时，任务驱动的课程设计鼓励学生的合作与交流。教师可以设计小组项目或合作任务，让学生共同合作完成任务，增强学生的团队合作能力和社交技巧。

最后，任务驱动的课程设计还强调评价与反馈的重要性。教师应该及时对学生的学习任务进行评价，并给予积极的反馈和指导。这种评价和反馈不仅关注学生的学习成果，更注重学生在解决问题和应用知识的过程中所表现出的学习能力和思维方式。

综上所述，实践中的学习任务分析与设计是任务驱动的课程设计的关键环节。通过合理选择实践性学习任务，教师能够激发学生的学习兴趣和动力，提高学习的深度和广度，培养学生的创新思维和问题解决能力。这种任务驱动的课程设计为融合式教学提供了更加丰富和实践性的学习体验，促进学生全面发展。

（二）多媒体与技术资源的整合

在融合式教学中，整合多媒体与技术资源是一项关键任务，它旨在为学生创造丰富多样的学习体验，提高学习效果和学习动力。以下是一些建议，说明如何整合多媒体与技术资源。

首先，教师可以使用多媒体资源来呈现学习内容。通过图像、音频、视频等多媒体素材，教师可以将抽象的概念和知识点转化为生动形象的呈现，帮助学生更好地理解和记忆学习内容。

其次，利用在线学习平台和资源，教师可以为学生提供便捷的学习渠道。在在线平台上发布教学资料、作业、习题等，学生可以随时随地进行学习和复习。同时，通过在线平台进行互动交流，可以促进学生之间的合作学习和讨论。虚拟实境技术也是整合多媒体与技术资源的重要手段。教师可以利用虚拟实境技术创造虚拟场景，让学生在虚拟环境中进行实践探索，增强学生的学习体验和参与感。

最后，教师在整合多媒体与技术资源时，应根据学习目标和学生的学习需求，灵活选择和运用合适的教学策略。不同的学习任务和内容可能需要不同的多媒体资源和技术工具，教师应根据实际情况进行选择和组合。

（三）创新性技术工具的选择与应用

科技发展日新月异，融合教学对创新性技术和工具的选择与应用也要跟上科技发展的步伐。诸如新兴技术云存储、大数据、移动技术和人工智能为教育领域带来了巨大的变革与创新，融合式教学应积极结合这些新技术的应用，将教育推向了一个全新的发展阶段，为学生的学习成果和学习体验带来了积极的影响。

1. 云储存

云储存技术允许教师和学生将学习资料、课件、作业等存储在云端，方便随时随地进行访问和共享。通过云储存，学生可以轻松获取学习资源，教师也能够灵活管理教学内容。云储存的便利性和高可靠性为融合式教学提供了更加稳定、更便捷的技术支持。

2. 大数据

大数据技术可以帮助教师收集、分析和挖掘海量学生学习数据。通过大数据分析，教师可以深入了解学生的学习表现和学习需求，为个性化教学提供数据支持。大数据技术还可以评估教学效果和改进教学策略，促进教学的不断优化和提升。

3. 移动技术

移动技术的普及使得学习不再受时间和地点的限制，学生可以通过手机、平板电脑等移动设备随时进行学习。教师可以利用移动技术为学生提供在线课程、学习应用和教学资源，支持学生的远程学习和自主学习。

4. 人工智能

人工智能在教育领域的应用越来越广泛，为融合式教学带来了更多可能性。教师可以借助智能辅助教学工具，为学生提供个性化的学习推荐和学习支持，帮助学生更高效地学习。人工智能技术还可以应用于自动评估和教学智能化，为教师提供更好的教学辅助。

三、评价与反馈机制设计

融合式教学评价与反馈机制的设计是为了全面了解学生的学习表现和需求，及时调整教学策略，促进学生的学习成长和发展。以下是关于融合式教学评价与反馈机制设计的一些建议。

（一）多元化评价方式

融合式教学涉及多样的教学活动和学习资源，因此评价方式也应多元化。除了传统的考试和作业评估外，教师可以采用项目展示、小组讨论、在线测验、实践报告等多种评价方法。这样的多元化评价方式可以更全面地了解学生的学习情况和学习能力。

（二）自评与同伴评价

鼓励学生参与自评和同伴评价，可以帮助他们更好地认知自己的学习进展和问题所在。通过自评和同伴评价，学生可以反思自己的学习过程，发现不足之处，并积极改进。

（三）利用数据分析

融合式教学中会产生大量的学习数据，教师可以利用数据分析工具对学生的学习情况进行定量分析。通过数据分析，教师可以发现学生的学习习惯和学习偏好，为个性化教学提供参考。

（四）及时反馈

及时的反馈对于学生的学习非常重要。教师应该及时回顾学生的作业和测验，给予详细的评价和建议。此外，教师还可以通过在线平台或电子邮件与学生进行沟通，解答学生的疑问和问题，保持良好的互动。

（五）综合评价

在评价学生学习成绩时，应该综合考虑多方面的因素，包括课堂表现、作业完成情况、参与度等。综合评价能够更客观地反映学生的综合学习水平。

通过以上设计，融合式教学评价与反馈机制可以更全面地了解学生的学习情况和需求，帮助教师调整教学策略，提高学生的学习动力和学习效果。同时，通过及时的反馈和互动，教师与学生之间建立了良好的沟通渠道，促进了学生的自主学习和积极参与，使融合式教学取得更好的教学效果。

四、跨文化教学元素的融入

在当今全球化的社会中，不同文化之间的交流和合作日益频繁，跨文化能力已成为学生必备的核心素养。融合式教学以全球视野为背景，最终目标是培养学生在全球化时代的竞争力。因此在融合式课堂设计要融入跨文化教学元素。以下是一些建议。

（一）多元文化教材

在教学内容选择上，教师可以引入来自不同文化背景的教材和案例。通过多元文化教材，学生可以了解不同文化的历史、价值观、习俗等，拓展对世界的认知。

（二）跨文化交流活动

教师可以组织跨文化交流活动，让学生与来自其他文化背景的同学进行合作和交流。这样的交流活动有助于打破文化隔阂，增进学生的跨文化理解和沟通能力。

（三）跨文化教学策略

教师在教学过程中可以采用跨文化教学策略，帮助学生更好地理解和应对不同文化之间的差异。比如，教师可以鼓励学生比较不同文化的观点，让学生体会到文化差异的存在和重要性。

（四）跨文化教育培训

对于涉及跨文化交流的学科和专业，可以设置跨文化教育培训课程。通过这些培训，学生可以学习跨文化交流的技巧和方法，增强跨文化沟通能力。

（五）教师的跨文化意识

教师在教学中要有跨文化意识，尊重和包容学生来自不同文化背景的差异。教师应该关注学生的个性和需求，帮助他们克服跨文化交流中可能遇到的困难。

通过跨文化教学元素的融入，融合式教学可以帮助学生培养跨文化意识和跨文化交流能力，提高学生的全球视野和全球竞争力。在多元文化的社会背景下，这些能力对学生未来的职业发展和社会适应至关重要。同时，跨文化教学元素的融入也有助于促进文化多样性的尊重和理解，营造一个更加包容和和谐的学习环境。

第三章 高校英语教育融合式课堂教学模式

第一节 高校英语教育融合式课堂教学模式概述

在教育界不断追求变革和进步的背景下，英语融合式课堂教学模式正以其独特的优势和前瞻性的教学理念，引领高校英语教育的发展方向。本节就将探讨高校英语教育现状，分析目前教学中存在的问题与不足，详细介绍英语融合式课堂教学模式的构建思路与实施流程。

一、高校英语教学模式现状

（一）教学目的不清晰

高校英语教学模式现状中，首要问题之一是教学目的不清晰。在部分高校的英语教学中，教师和学生对于学习目标和重点存在模糊理解或认知不一致。这一问题源于教学大纲制定不够明确，或者在具体教学过程中缺乏对教学目标的明确解释和强调。

当教学目的不清晰时，学生难以明确知道他们应该学习什么、为何学习以及学习的重要性。这导致学生的学习动力不足，学习兴趣降低，学习态度消极，从而影响到学习的效果。学生会感到学习缺乏意义和目标，因此对学习内容缺乏投入和积极性。

此外，教学目的不清晰也导致教师在教学过程中难以有效地组织和安排教学内容，不知道如何引导学生去理解和掌握知识。教学缺乏明确的方向和目标，导致教师在教学中过分依赖教材和讲授，从而忽略了学生的主动参与和思考。

（二）教学活动缺乏互动

在传统的英语教学中，教师通常扮演着主导角色，而学生则扮演被动接受知识的角色。教师主要通过讲解和传授知识，而学生则较少参与到课堂教学中。这种单向的教学模式导致了教学活动缺乏互动和学生参与，影响了学生的学习体验和学习效果。缺乏互动的教学模式导致以下三个问题。

1.学生参与度低

学生在被动听课的状态下，缺乏参与和互动的机会，导致学生学习兴趣不高，课堂效果不理想。

2.学生思维不活跃

缺乏互动和讨论，学生的思维较为被动，无法主动思考和提出问题。

3.教学效果受限

缺乏互动和互动的教学模式导致学生对知识的掌握和理解不够深入，从而影响到教学效果。

（三）教学设计不能满足学生需求

教学设计不能满足学生需求是高校英语教学模式现状中的另一个重要问题。不同的学生具有不同的学习水平、学习风格和学习兴趣，而传统的教学设计较为统一，缺乏个性化和差异化的考虑。这导致部分学生在教学过程中感到学习内容过于简单或过于复杂，无法满足他们的学习需求，影响到学习的积极性和学习效果。教学设计不能满足学生需求的表现有以下三个方面。

1.学习内容不合理

教学内容过于简单，不能满足学生的学习需求和知识深度。或者学习内容过于复杂，超出了部分学生的理解能力，造成学习困难。

2.学习节奏不合适

教学节奏过快或过慢，不能满足学生学习的节奏和学习进度。

3.学习任务单一

教学任务过于单一，缺乏多样性和挑战性，不能满足学生的学习兴趣和学习动力。

针对目前高校英语教学模式的问题，可以构建英语融合式课堂教学模式，以满足学生的学习需求，提高学习效果和学习动力。

二、英语融合式课堂教学模式的构建思路

（一）以学生为主体

以学生为主体是英语融合式课堂教学的核心理念，该教学模式将学生置于学习的中心，重视学生的学习需求和兴趣。在这种教学模式下，教师不再仅是知识的传授者，而是学生学习的引导者和组织者。

教师在融合式课堂中应充分了解每位学生的特点，包括学习风格、学习兴趣、学习动机和学习能力等方面。了解学生的特点有助于教师更准确地把握学生的学习需求，为学生提供更有针对性的学习支持和帮助。通过个性化学习计划，教师可以根据学生的不同特点制定学习路径，为每个学生量身定制学习内容和教学策略，确保学生在学习中感到挑战和满足。

为激发学生学习热情，教师可以采用多样化的教学方法和资源，使学生在学习中感到

乐趣和挑战，提高学生的学习动力。在课堂教学中，教师鼓励学生积极参与讨论、提问和解答问题，采用学生参与式教学方法，增强学生的思维能力和表达能力，培养学生的合作精神和创新意识。

同时，教师应鼓励学生进行自主学习和探究，提供自主学习的机会和资源。通过自主学习，学生可以更好地发展学习能力和学习兴趣，成为主动探究者。

教师在学生学习中扮演着指导者的角色，提供必要的学习支持和指导。教师可以根据学生的学习情况，帮助学生克服学习困难，鼓励学生积极探究和解决问题。通过这种指导，教师可以更全面地了解学生的学习情况，为学生提供更有效的学习支持和指导，促进学生全面发展。

（二）由教师主导

尽管以学生为主体，教师在融合式教学中仍发挥着重要作用。教师是学生学习的指导者和支持者，他们提供专业知识和教学支持，创造积极鼓励的学习氛围，引导学生在学习过程中取得进步。通过教师的引导和支持，学生可以更好地发展学习能力和学习兴趣，实现个性化的学习目标，促进学生全面发展。在融合式教学中，学生和教师共同构建积极、互动的学习环境，实现教育的双赢。

（三）融合一切教学资源和教学方法

融合一切教学资源和教学方法是英语融合式课堂教学的特点之一。教师可以通过充分利用各种教学资源和灵活运用不同的教学方法，为学生提供多样化、丰富的学习体验，促进学生全面发展，提高学习效果和学习兴趣。

1.融合一切教学资源

在英语融合式课堂教学中，教师可以充分利用各种教学资源，将传统教材与现代科技手段相结合，为学生提供多样化、丰富的学习资源。这些教学资源包括但不限于以下几方面。

（1）多媒体教材

教师可以使用图文并茂的多媒体课件、教学视频和音频资料，使抽象的知识更具体形象化，提高学生的学习效果。

（2）在线学习平台

通过在线学习平台，教师可以将学习资源和教学内容数字化，学生可以在课堂内外随时随地进行学习。在线学习平台还提供了交流和讨论的功能，促进学生之间的互动与合作。

（3）外教资源

引入外教资源可以增强学生的语言交际能力和跨文化意识，让学生更好地了解地道的语言用法和文化背景。

（4）实地考察

组织实地考察和实践活动，让学生在实际场景中应用所学知识，加深对知识的理解和记忆。

2.融合一切教学方法

融合式教学强调教师灵活运用不同的教学方法，使学习过程更具多样性和趣味性。教师可以根据学习目标、学生特点和教学内容选择合适的教学方法，以激发学生的学习兴趣和主动参与。常见的融合式教学方法包括但不限于以下几方面。

（1）合作学习

鼓励学生在小组内合作学习，共同探讨问题、解决难题，促进学生之间的交流与合作。

（2）探究式学习

引导学生主动探索问题，通过实践和发现，提高学生的学习自觉性和独立思考能力。

（3）问题导向学习

以问题为导向，引发学生的思考和探索，培养学生的问题解决能力。

（4）案例分析

通过案例分析，让学生将理论知识应用到实际情境中，提升学生的实际应用能力。

（5）分层教学

根据学生的学习水平和需求，采取分层教学，让每个学生都能在适合自己的学习环境中进步。

（6）反转课堂

在课堂上进行学习任务和讨论，而将讲授环节放到课后自主学习，以增加学生的学习参与度和主动性。

（四）个性化的学习路径与积极的协作探究

在英语融合式课堂教学中，个性化的学习路径是指为学生提供根据其学习特点和需求而定制的学习计划和任务。教师应了解每位学生的学习状况和学习风格，根据学生的学习能力、兴趣和目标，制定相应的学习目标和任务。这样的个性化学习路径可以更好地满足学生的学习需求，提高学习的效果和学生学习的积极性。

在个性化的学习路径中，学生可以根据自己的学习进度和能力，自主选择学习内容和学习方式。教师可以提供多样化的学习资源和学习任务，让学生根据自己的学习情况进行选择和探索。这种个性化的学习方式可以激发学生的学习兴趣，增强学习的主动性和积极性。

同时，融合式教学强调学生之间的积极协作和探究。教师可以引导学生在小组内展开合作学习和探究活动，共同解决问题和完成任务。在合作学习中，学生可以相互借鉴和学习，共同探讨问题，促进彼此之间的思维碰撞和学习成长。

（五）创设真实的学习情境

通过将学习内容与实际情境相结合，教师可以让学生在真实的语境中运用所学知识和技能。这种真实的学习情境可以增强学生的语言实际应用能力和交际能力，提高学习的实效性。

在创设真实的学习情境中，教师可以采用情境任务和角色扮演等教学方法。例如，教师可以组织学生进行模拟情景对话，让学生在实际交际情境中运用所学语言知识，增强语言表达能力和交际技巧。教师还可以引入实际语料和文本，让学生在真实语境中理解和运用语言。

创设真实的学习情境还可以激发学生学习的主动性和积极性。当学习内容与学生的实际生活和兴趣相关时，学生会更加愿意参与学习，并将所学知识应用到实际中去。

此外，创设真实的学习情境也有助于增强学生对学习内容的记忆和理解。在真实的学习情境中，学生可以将所学知识和技能运用到实际问题中去解决，这样的学习体验会更加深刻和实在。

（六）多元立体的教学评价

采用多种教学评价方法，包括笔试、口试、作业、项目报告、小组合作评价等。通过多元立体的评价方式，全面了解学生的学习状况，帮助学生发现自己的优势和改进的方向。

英语融合式课堂教学模式将教学过程中的学生和教师的角色进行了有机结合，注重学生的主动性和合作性。教师通过差异化教学和个性化辅导，满足不同学生的学习需求，鼓励学生进行自主学习和探究。学生在真实的学习情境中运用所学知识，增强学习的实践性和实效性。同时，多元立体的教学评价使教师更全面地了解学生的学习情况，帮助学生全面发展。

通过英语融合式课堂教学模式的构建，可以有效解决目前高校英语教学模式存在的问题，提高教学质量，激发学生的学习兴趣和学习动力，为学生的综合素质和职业发展打下坚实基础。

三、英语融合式课堂流程

英语融合式课堂的流程分为课前、课中和课后三个阶段，每个阶段都有其独特的教学活动和目标。

（一）课前

1. 教学资源的准备

在课前阶段，教师需要准备教学所需的资源，包括教材、教辅资料、多媒体课件、在线学习平台等。教师还可以收集并准备与教学内容相关的多样化资源，如视频、音频、文章等，以丰富学生的学习体验。

2. 课前导学

在课前，教师可以通过导学活动引导学生预习即将学习的内容。导学活动可以是提出问题、展示图片或视频、引用案例等形式，旨在唤起学生的兴趣，激发学生对学习内容的好奇心和求知欲。

3.线上自主学习

融合式课堂中，线上自主学习是课前准备的重要组成部分。教师可以将预习任务和学习资源发布在线上学习平台，让学生在课前自主学习相关内容。通过线上自主学习，学生可以提前了解课程内容，为课堂学习打下基础。

在课前阶段，教师的角色是课程的策划者和设计者。教师需要仔细筹备教学资源，确保教学内容的有效性和多样性。通过导学活动和线上自主学习，教师激发学生的学习兴趣，让学生在课前对学习内容有一定的了解，为课堂学习做好准备。这样的课前准备有助于提高学生的学习效果和学习动力，为融合式课堂的顺利进行奠定基础。

（二）课中

课中是英语融合式课堂教学的核心阶段，这一阶段注重学生的主动参与和合作学习，教师发挥引导和辅导作用，促进知识的深入理解和实际运用。

1.课堂教学

在课堂教学阶段，教师通过讲解、演示和示范等教学方法，向学生传授相关的知识和技能。课堂教学的目标是帮助学生掌握基础知识和核心概念，为学生理解后续的学习内容奠定基础。在融合式课堂中，教师不仅是知识的传授者，还是学生学习的引导者和组织者。教师应注意以简洁明了的语言表达知识，结合生动的例子和实际应用场景，激发学生学习的兴趣和积极性。

2.交流讨论

在融合式课堂的课中阶段，教师鼓励学生进行交流和讨论，让学生成为知识的共同创造者。通过小组讨论、合作探究等形式，学生可以彼此交流自己的观点、经验和理解。交流讨论有助于激发学生的思维和创造力，培养学生的表达能力和合作精神。教师可以充当学习小组的指导者，引导学生进行有意义的讨论和交流，帮助学生从多个角度理解问题，增强学生对知识的深度理解。

3.教师点评

在课堂教学和交流讨论过程中，教师起到重要的点评和反馈作用。教师可以对学生的表现给予及时的肯定和鼓励，激发学生的学习动力。同时，教师也应指出学生在学习中存在的问题和不足，并提供针对性的建议和辅导。教师的点评和反馈应当具有积极的促进作用，帮助学生认识自己的学习进步和成长，同时引导学生积极改进学习方法和学习策略。

在课中阶段，教师的角色是学习的指导者和组织者。教师应根据学生的学习特点和需求，灵活运用不同的教学方法和策略，让学生在课堂中充分参与，积极探究和思考。交流讨论是融合式课堂中重要的教学活动，通过学生之间的互动交流，促进学生思维的发展，提高学生的学习效果。教师的点评和反馈是帮助学生克服困难、实现学习目标的关键环节。通过教师的点评和反馈，学生可以不断调整学习策略，提高学习质量，为学生的学习成长和终身发展打下坚实基础。

（三）课后

课后是英语融合式课堂教学的重要环节，通过课后活动，教师可以巩固学生在课堂上所学的知识和技能，同时为学生提供更多的学习机会和实践体验。以下是课后阶段的详细阐述。

1. 线上发布作业与测试

在课后阶段，教师可以通过线上学习平台或其他途径发布作业和测试。作业可以是巩固性练习、扩展性阅读或写作任务等，帮助学生巩固和运用在课堂上所学的知识。测试可以是课堂知识点的检测，以及对学生学习成果的评估。通过线上发布作业和测试，教师可以了解学生的学习情况，及时发现学生的学习问题，为后续的教学调整和辅导提供参考。

2. 个别辅导

在课后阶段，教师可以针对学生在学习中遇到的问题，进行个别辅导。个别辅导可以通过线上或线下形式进行，让学生和教师进行一对一的交流和互动。通过个别辅导，教师可以根据学生的学习情况，为学生量身定制学习计划和学习策略，帮助学生解决学习难题，提高学习效果。

3. 实践活动

教师可以组织学生参与实践活动，如实地考察、实验研究、社区服务等。实践活动可以帮助学生将课堂上所学的知识应用到实际情境中，增强学生的实践能力和综合素养。通过实践活动，学生可以在真实的情境中学习和实践，提高学习的实际应用价值。

在课后阶段，教师的角色是学生学习的指导者和支持者。通过线上发布作业和测试，教师可以巩固学生在课堂上所学的知识，并对学生的学习成果进行评估。个别辅导可以帮助学生解决学习问题，提供有针对性的学习支持和指导。实践活动可以让学生在实际情境中学习和实践，提高学生的学习效果和学习实践能力。

通过课后阶段的活动，教师可以进一步了解学生的学习情况，为学生提供个性化的学习支持和指导，促进学生全面发展。同时，课后活动也可以增强学生对学习内容的理解和掌握，提高学生的学习效果和学习动力。融合式课堂的课后阶段，是学生学习的延伸和拓展，帮助学生将所学知识运用到实际生活中，为学生未来的发展奠定坚实基础。

第二节　高校英语教育融合式课堂教学模式的优势与挑战

随着科技进步与教育观念的转变，融合式课堂教学模式成了当下教育界的一大焦点。这种教学模式试图将线上和线下教学相结合，为学生提供更为丰富和有深度的学习体验。

然而，正如每一种新的教学方法的产生，融合式教学在为教育带来创新的同时，也伴随着一系列的挑战。

一、英语融合式课堂教学模式的优势

（一）提高学生的参与度和满意度

融合式课堂教学模式，是将传统的线下教学与现代的线上教学相结合，旨在创建一个更为完整和高效的学习体验。其中，提高学生的参与度和满意度是其最为明显的优势之一。

1.多元化的教学资源和方式

融合式课堂提供了多种教学方法和资源供学生选择。学生不再仅仅受限于传统的教材和讲解，他们可以通过视频、互动模块、在线测验等多种方式进行学习，这种多样性满足了不同学习风格的学生的需求，提高了他们的参与度。

2.更大的学习自主权

在融合式课堂中，学生可以在线上环节选择适合自己的学习节奏和时间，他们更有可能在自己最佳的学习状态下进行学习，提高了学习的效率和满意度。

3.互动与反馈的即时性

许多线上平台为学生提供了即时的反馈和建议，学生可以立即知道自己的学习进度和短板，同时，他们也可以通过论坛、聊天工具等与老师和同学即时交流，这种互动性使得学习过程更为生动有趣。

4.真实的情境模拟与任务导向

融合式教学模式鼓励情境模拟和任务导向的学习方式。学生不再是被动地接受知识，而是需要在真实或模拟的情境中解决问题，这种"做中学"的方式使得学生更加投入，也更容易体验到学习的成就感。

5.个性化的学习路径

融合式课堂允许学生根据自己的兴趣和需求选择学习路径，这种个性化的学习使得学生更有动力参与到学习中，同时提高他们对学习的满意度。

（二）增加教学的灵活性和个性化

融合式课堂教学模式在推动教学变革的过程中，特别强调了教学的灵活性和个性化。这两点对于现代教育环境中的教师和学生来说都有着特殊的吸引力，并且深度地影响了教学的效果和效率。

1.时间与地点的灵活性

学生可以根据自己的时间安排选择学习，无论是深夜还是凌晨，他们都可以获取教学资源，进行自我学习。对于教师而言，他们可以选择在最佳时段录制或直播教学内容，不再受制于固定的课堂时间。这种时间上的灵活性使得学生更容易调整自己的学习状态，进而提高学习效果。

2.课程内容与方式的灵活性

教师可以根据学生的反馈和学习进度调整教学内容或方法，不再受制于固定的教案和课程设置。学生可以选择不同的学习资源，如视频、文本、互动模块等，根据自己的兴趣和需求进行学习。

3.个性化的学习轨迹与策略

借助现代教育技术，教师可以追踪每个学生的学习进度、成绩和偏好，为他们提供更为个性化的指导和建议。学生可以根据自己的实际情况选择学习路径、设定学习目标和采用最适合自己的学习策略。

4.灵活的评估与反馈机制

传统的评估方式往往是固定和标准化的，而在融合式课堂中，评估方式可以更加多样和灵活，如项目评估、同伴评估、自我评估等。教师可以根据学生的实际表现和需求提供即时和具体的反馈，帮助他们了解自己的优势和不足。

通过上述分析可以看出，融合式课堂教学模式在增加教学的灵活性和个性化方面具有显著的优势，它有助于满足现代教育中日益多样化和个性化的需求，为教师和学生创造了一个更为自由和开放的学习环境。

（三）促进深层学习和批判性思考

融合式课堂教学模式，除了前述的灵活性和个性化的优势，还在促进学生的深层学习和批判性思考方面表现出强大的潜力。因为当今社会越来越重视学生的高阶思维能力，而非仅仅是知识的积累。

1.为深层学习创造环境

融合式课堂提供了大量的实践和探索机会，鼓励学生从实践中探索和学习，而不仅是被动地接受知识。通过线上与线下的互动与合作，学生有更多的机会与他人一起解决真实问题，这有助于他们深入理解知识和技能。

2.多维度的资源与视角

融合式课堂为学生提供了丰富和多样化的学习资源，帮助他们从不同的视角和框架下审视问题。这种多维度的学习方式促使学生进行比较、分析和批判，进而培养他们的批判性思考能力。

3.真实与情境化的学习场景

通过模拟真实场景或提供实际任务，融合式课堂使学生更容易与真实世界建立联系，从而深入地理解知识的实际应用。这种情境化的学习方法鼓励学生进行实际操作，帮助他们将理论知识转化为实践技能。

4.鼓励开放与探索式学习

在融合式课堂中，学生不再是被动的知识接受者，而是成为主动的学习者和探索者。他们被鼓励提问、探索和尝试，这种开放和探索式的学习方式有助于培养他们的独立思考和批判性思考能力。

（四）利用多样化的教学资源和工具

在融合式课堂教学模式中，多样化的教学资源和工具起着至关重要的作用。人类社会正处在一个教育技术的黄金时代，其中传统的教材和方法正在迅速地被新型、互动和高度个性化的学习工具和资源所取代。

首先，数字化教材与开放资源已经彻底改变了学习的景观。教师不再完全依赖于纸质教材，而是可以从各种在线平台提取资料，如电子书、在线文章、视频和动画。更进一步地说，开放教育资源为教师提供了一个免费、高质量的资源库，它们可以轻松地被整合到教师的课程中。

其次，互动性工具与应用程序已经成了当代教育的核心组成部分。这些工具提供了与众不同的学习体验，鼓励学生积极参与并与材料互动。例如，使用有道词典或百度翻译等工具，学生可以轻松查找和学习新单词，而QQ课堂和钉钉为教师提供了在线授课和管理学生的平台。

再次，协作工具如腾讯文档或飞书，已经彻底改变了团队合作的方式。在融合式课堂中，学生可以实时在线合作，无论他们身在何处，都可以共同编辑文档，进行讨论和完成项目。这种协作方式不仅培养了学生的团队合作能力，还帮助他们熟悉现代工作环境中所需的技能。

最后，增强现实和虚拟现实技术为融合式课堂带来了新的可能性。学生可以通过华为的VR头盔参观外国城市，或使用AR应用在实际环境中看到虚拟的历史事件。这些技术为学生提供了一种前所未有的沉浸式学习体验，帮助他们更好地理解和记忆复杂的概念。

多样化的教学资源和工具为融合式课堂教学模式提供了强大的支撑，使学习变得更加生动、有趣和有效。这种模式有效地整合了传统和现代的教学方法，为学生提供了一个全面、互动和个性化的学习环境。

二、英语融合式课堂教学的挑战

（一）技术的障碍和限制

在英语融合式课堂教学中，技术的障碍和限制是一个重要的挑战，涉及技术设施和资源的问题。

1. 技术设施和设备

英语融合式课堂教学依赖于计算机、互联网、投影仪等技术设施和设备。然而，在一些地区或学校，可能缺乏足够的计算机设备和网络支持，影响到教师和学生在课堂上使用科技工具进行教学和学习的能力。

2. 带宽和网络稳定性

对于在线学习和使用教学平台来说，带宽和网络的稳定性至关重要。不稳定的网络连接可能导致视频卡顿、加载时间延长以及在线互动的困难，影响教学的连贯性和学生的学习体验。

3.数字教材和资源

英语融合式课堂需要使用数字教材和在线资源，但不是所有的教科书和教学资源都可以轻松获取。教师需要花费时间和精力来寻找和筛选适合的数字教材，确保其质量和教学效果。

4.教师技术能力和培训

教师在融合式教学中需要掌握使用各种科技工具和教学平台的技能。然而，并不是所有教师都具备这方面的技术能力。提供适时的培训和支持是确保教师能够有效运用科技手段进行教学的关键。

5.数据安全和隐私

在线学习和数字教学涉及大量的学生数据，包括学习成绩、个人信息等。所以保障学生的数据安全和隐私是一个重要的问题，需要学校和教育机构采取有效的措施来保护学生的个人信息。

6.数字鸿沟

在一些地区或学校，由于经济条件或其他因素，学生可能没有充分接触和使用科技设施，导致数字鸿沟的出现。这将使得部分学生在融合式教学中面临不公平，影响他们的学习体验和学业成绩。

针对这些挑战，学校和教育机构可以采取一系列措施来优化英语融合式课堂教学。例如，增加投入，提供更多的技术设施和资源；加强师资培训，提升教师的技术能力；推广数字教材和资源的使用，为学生提供更丰富的学习内容；加强网络建设，保障网络的稳定性和畅通性。同时，还需要注意在教学中对数据安全和隐私的保护，确保学生的个人信息能够得到妥善管理。通过综合施策，克服技术障碍和限制，英语融合式课堂教学的效果将会得到显著提升。

（二）老师和学生的技术接受度

在英语融合式课堂教学中，老师和学生的技术接受度是另一个重要的挑战。它涉及教师和学生对于科技工具和在线学习的态度、能力以及对于融合式教学模式的认知和理解。

1.教师层面

（1）技术态度

一些教师可能对科技工具持有消极态度，担心科技会取代传统教学，或者认为使用科技工具会增加他们的工作负担。这种消极态度可能导致他们不愿意尝试新的教学方法，对于融合式教学抱有抵触情绪，甚至拒绝应用科技工具在课堂上进行教学。

（2）技术能力

部分教师可能缺乏使用科技工具和在线学习平台的能力，对于教学软件的操作和利用不熟悉。在融合式教学中，教师需要熟练运用计算机、互联网、投影仪等技术设备，使用教学平台和数字教材，以及设计互动式教学活动。缺乏这方面的技能会使得教师在融合式教学中遇到困难，进而影响他们的教学效果和教学质量。

（3）教学理念

一些教师可能习惯于传统的教学模式，对于融合式教学的理念和理论不够了解，对于如何将科技手段融入教学也缺乏经验。融合式教学强调学生主动参与和合作学习，通过科技手段提供更加丰富的学习资源和学习方式。教师需要适应这种新的教学理念，转变自己的教学方法，培养学生的自主学习能力和信息素养。

为克服这些挑战，学校和教育机构可以采取一系列措施来支持教师在融合式教学中的发展。

第一，为教师提供专业的技术培训，包括使用科技工具和在线教学平台的技能培训，以及融合式教学的理念和方法培训。帮助教师掌握必要的技术和知识，增强他们在融合式教学中的信心和能力。

第二，学校和教育机构可以为教师提供技术支持和指导，解决他们在融合式教学中遇到的问题和困难。建立教师交流平台，让教师之间相互分享经验和教学资源。

第三，学校要鼓励教师尝试融合式教学，提供激励机制和奖励制度，鼓励他们在教学中积极应用科技手段，不断改进和创新教学方法。

第四，建立融合式教学的示范课堂，让其他教师参观观摩，了解融合式教学的实际效果和好处。这样可以帮助其他教师更好地理解融合式教学的理念和实践。

通过以上措施，可以提高教师在融合式教学中的技术态度和技术能力，推动融合式教学在英语教育中的广泛应用，并提升教学质量和学生的学习效果。

2.学生层面

（1）数字技能

在现代社会，数字技能已经成为基本的生存和学习能力。然而，由于教育资源、家庭条件、年龄、兴趣、社会文化因素等多方面的影响，学生的数字技能水平可能不同。一些学生对于科技工具和互联网的使用比较熟悉，他们能够灵活运用计算机、手机、平板电脑等设备，顺利地进行在线学习和互动。而另一些学生可能缺乏必要的数字技能，对于科技工具的使用不够熟练，导致他们在融合式教学中感到不适应，学习效果受到影响。

（2）学习意愿

虽然大学生对于科技的使用普遍较为习惯，但并不是每个学生都愿意接受融合式教学。多年来的应试教育，使一些学生可能更喜欢传统的面对面教学，对于在线学习抱有抵触情绪。这可能源自对于新型教学模式的不熟悉或不信任，也可能受到环境和家庭的影响。学生的这种抵触情绪会影响他们对融合式教学的投入和积极性，进而影响到学习效果。

（3）学习质量

融合式教学强调学生的自主学习和互动学习，需要学生具备较强的学习动力和学习能力。然而，并不是所有学生都能够适应这种学习模式。一部分学生可能需要更多的支持和指导来适应融合式教学，他们在自主学习和互动方面可能遇到困难，学习效果不如预期。

此外，学生在融合式教学中需要更多地负责自己的学习进程，这也对他们学习的自律性提出了要求。

为应对这些挑战，学校和教师可以采取下面的措施来支持学生在融合式教学中的学习。

首先，提供数字技能培训是非常重要的一步。学校可以为学生提供专业的数字技能培训课程，帮助他们掌握基本的科技工具使用和在线学习技能，包括计算机操作、网络浏览、电子邮件使用、在线搜索和信息获取等。培训课程可以分级设计，根据学生的数字技能水平提供不同层次的培训内容，确保每个学生都能得到适当的培训和支持。

其次，教师需要理解学生的学习意愿和抵触情绪，耐心引导他们逐渐适应融合式教学。教师可以积极倾听学生的想法和意见，了解他们对于融合式教学的看法和感受，以便更好地满足学生的学习需求。同时，教师也可以通过鼓励和正面激励，帮助学生逐渐克服学习中的困难和抵触情绪，增强他们参与融合式教学的积极性。

再次，设计多样化的学习活动是提高学生学习动力和学习效果的关键。教师可以结合学科内容和学生的兴趣，设计有趣和具有挑战性的学习任务，提供多种学习方式和途径。这包括使用多媒体教学资料、开展小组讨论和合作项目、利用在线学习平台进行互动和交流等。通过多样化的学习活动，可以激发学生的学习兴趣，增强他们对于融合式教学的积极参与。

最后，对于学习质量方面的挑战，教师可以为学生提供个性化的学习支持和指导。针对学生在融合式教学中遇到的困难和问题，教师可以与学生一对一地交流和沟通，提供针对性的帮助和指导。同时，教师可以利用教学数据和学生表现信息，及时调整教学策略，确保每个学生都能够获得适合他们学习水平和学习风格的学习资源和学习机会。

通过以上措施，学校和教师可以更好地支持学生在融合式教学中的学习和发展，提高他们的数字技能水平，增强他们对于融合式教学的接受和认同，进而提升学习效果和学习成就。同时，也能够培养学生的自主学习能力和信息素养，为他们未来的学习和生活奠定坚实的基础。

（三）课堂管理和组织的复杂性

在英语融合式课堂教学中，课堂管理和组织的复杂性是一个重要的挑战，涉及教师在融合式课堂中有效管理学生、教学资源和学习过程的能力。

1. 多样化学习活动

融合式教学强调多样化的学习活动，教师需要设计和组织不同类型的学习任务和活动，包括讨论、合作项目、在线互动等。这要求教师在课堂中灵活地切换不同的学习模式，确保每个学习活动的顺利进行。

2. 教学资源管理

融合式教学需要使用大量的教学资源，包括数字教材、多媒体教具、在线学习平台等。教师需要有效地管理这些资源，确保它们的可靠性和适时可用性，以支持学生的学习。

3.学生学习进度不同

在融合式课堂中，学生可能因为个体差异，对学习内容的理解和掌握进度不同。教师需要根据学生的学习进度进行个性化的指导和支持，确保每个学生都能够在适合自己的学习节奏下取得进步。

4.技术故障和网络问题

在使用科技设备和在线学习平台的过程中，可能会出现技术故障和网络问题。这可能导致教学过程中断或受阻，影响到课堂的连贯性和学生的学习效果。教师需要具备应急处理的能力，以及备选方案，确保教学能够顺利进行。

5.学生参与度

融合式教学强调学生的主动参与和互动，但并不是所有学生都能够积极参与到课堂活动中。教师需要设法激发学生的学习兴趣，增强他们的学习动力，进而使每个学生都能够积极参与到课堂学习中。

6.评估和反馈

融合式教学需要及时地对学生的学习进行评估和反馈，以便及时调整教学策略和帮助学生提高学习效果。教师需要设计合适的评估方式，并及时给予学生反馈，确保他们的学习得到有效指导和支持。

面对课堂管理和组织的复杂性，教师可以采取以下措施来应对挑战。

第一，教师需要提前准备好教学资源和学习活动，确保课堂教学有条不紊地进行。这包括准备数字教材、教学视频、在线练习等学习资源，以及设计项目活动和实践任务，为学生提供多样化的学习体验。

第二，教师还需要灵活应对学生学习进度的差异和技术故障等突发情况，及时做出调整和安排。教师应该关注学生的学习情况，根据学生的不同需求和水平，调整教学内容和节奏，确保每个学生都能获得良好的学习体验和学习成果。

第三，在融合式教学中，设立明确的学习目标是非常重要的。教师可以和学生一起制定学习目标，让学生参与到学习规划中，激发他们的学习动力和参与度。通过设立学习目标，学生能够更加明确自己的学习方向，有针对性地进行学习，提高学习效果。

第四，教师还可以为学生提供个性化的学习指导和支持。了解学生的学习需求和问题，有针对性地提供辅导和帮助，帮助学生克服学习难题，提高学习成绩。个性化指导可以增强学生的学习自信心，激发学习兴趣，提高学习动力。

第五，为了促进学生之间的交流和合作，教师可以建立在线互动平台。通过在线讨论、小组合作、项目合作等形式，促进学生之间的交流与合作，增强学生的学习互动性和参与度。互动平台可以为学生提供一个共同学习和分享的空间，丰富学习体验，增进学习效果。

（四）对传统评估方法的挑战与创新

在英语融合式课堂教学中，传统的评估方法面临着一系列挑战，同时也需要进行创新和调整，以适应融合式教学的特点和需求。

1. 评估多样化

传统评估方法通常以考试和作业为主，注重对学生知识掌握和记忆能力的测验。然而，在融合式教学中，学生的学习方式更加多样化，注重培养学生的实际应用能力和综合素养。因此，需要创新评估方法，包括项目评估、表现评估、口头演示等，以全面了解学生的学习成果。

2. 自主评估

融合式教学强调学生的自主学习和探究精神，因此传统的教师评估模式可能不再适用。学生应该参与到自己的学习评估中，对自己的学习过程和学习成果进行反思和评估。可以通过学生自评、同伴评价和教师评价相结合的方式来实现，促进学生的自主学习和自我管理能力的发展。

3. 实时评估

融合式教学注重学生在学习过程中的实时反馈和调整，传统的期末考试或作业评估无法满足这种需求。因此，需要采用实时评估方法，通过在线测验、实时反馈工具等，及时了解学生的学习进度和学习效果，为教学调整提供依据。

4. 跨学科评估

融合式教学强调学科之间的融合和交叉，而传统的学科评估方法往往是单一学科的。因此，需要开发和采用跨学科评估方法，评估学生在跨学科项目和活动中的综合能力和成果。

5. 科技辅助评估

融合式教学依赖于科技工具和在线学习平台，传统的纸笔考试和作业评估无法全面反映学生在融合式教学中的学习情况。因此，需要利用科技辅助评估方法，包括在线测验、数据分析和学习分析工具等，更准确地评估学生的学习表现和学习效果。

面对挑战，学校和教师需要进行创新和调整，推动评估方法的多样化和个性化发展。

第一，教师可以设计多样化的评估任务，包括项目作业、实践项目、口头演示、小组合作等，以全面评估学生的学习成果和能力。

第二，教师可以鼓励学生参与到自己的学习评估中，进行自评和同伴评价，促进学生的自主学习和自我认知。

第三，教师可以利用科技辅助评估方法，借助在线测验和学习分析工具，实时了解学生的学习进度和学习效果，为教学调整提供参考。

第四，教师可以培养学生学习反思能力，引导学生主动参与到学习评估中，对自己的学习进行反思和总结。

通过以上创新和调整，可以更好地适应融合式教学的特点和需求，推动评估方法的发展和优化，提高评估的有效性和准确性，更好地促进学生的学习和成长。

第四章 高校英语融合式课堂
教学设计与实施

第一节 学习目标的设定与课程设计

融合式课堂教学模式将传统的面对面教学与现代技术的在线学习相结合，以期提供一个更加丰富和多样化的学习环境。然而，任何成功的教学模式都离不开明确和具体的学习目标。学习目标不仅指引着教育活动的方向，还为评价学生的学习成果提供了标准。

一、学习目标的重要性及其在融合式课堂中的特点

（一）传统与融合式课堂的学习目标对比

学习目标是指导学习过程和评估学习成果的基础。在教育的各种形式中，无论是传统课堂还是融合式课堂，目标都起着核心的作用。但随着教育模式的不断演变，目标的设定和实施也在发生变化，下面就从几个维度对比传统与融合式课堂中的学习目标。

1. 目标的广度与深度

目标的广度与深度是衡量学习目标设置是否完备和全面的关键指标。在传统的教学设置中，学习目标受到了多种限制，往往更为固定和单一。这种固化的教学模式注重知识的传授和技能的掌握，主要是因为它以教材为中心，并结构性地设定学习的进程。这种设置很难容纳跨学科或综合性的内容，因为它依赖于固定的教材结构和预定的教学计划。

而今，随着科技的进步和在线资源的丰富，融合式课堂开始崭露头角，为教育者和学生提供了前所未有的灵活性。这种新型的教学模式使学习目标更为广泛，不再局限于某一本教材或某一门课程。学生可以自由地接触和学习跨学科的内容，这种广度为他们打开了更多的视野和探索的空间。

更为重要的是，融合式课堂也加强了学习的深度。不再满足于表面的知识传授，学生在这种环境下有机会进行项目式或问题式的学习。这意味着他们不仅需要掌握知识，还需要学会如何将这些知识应用到实际情境中。通过解决实际问题或完成具体项目，学生能够深入理解和运用知识，而不仅仅是停留在理论的层面。这种深度的学习更有助于培养学生

的批判性思维和创造性思维。

融合式课堂的出现极大地拓展了学习目标的广度和深度，使学生不仅能够接触到更多种类的知识，还能更深入地理解和运用这些知识。这种变革为当代教育带来了更为广阔的发展空间和无限的可能性。

2.目标的灵活性

目标的灵活性是现代教育方法在响应学生多样性时的核心要素。传统课堂的教学往往基于标准化的教学计划，这种计划大多数情况下被设计为满足一般的学习需求，很少涉及针对每个学生的特定需求。当这种"一刀切"的教学方式被广泛应用时，很可能会导致许多学生的需求被忽视，尤其是那些有特殊需求或背景的学生。

然而，融合式课堂的出现开始改变这一现状。融合式课堂结合了在线和离线的教学方法，为教育者提供了更多的工具和策略来满足学生的不同需求。在线资源的丰富和多样性使得教育者可以为每位学生提供量身定制的学习材料和任务。同时，实时的数据反馈也使教育者能够即时了解学生的学习进度和状况，从而更精确地调整教学策略。

更为重要的是，这种灵活性允许学生根据自己的兴趣和需求来选择学习路径。他们不再受到固定课程的束缚，可以根据自己的速度和方法来学习。这种个性化的学习方式不仅能更好地满足学生的需求，还可以激发他们的学习兴趣和积极性。

3.目标的实践性

目标的实践性是衡量学生是否能够将所学知识运用到实际生活和工作中的关键指标。在传统课堂设置中，教育的核心是确保学生掌握一系列的知识和概念，而这些内容往往是脱离实际情境的。这种偏重于纯理论的学习方式可能导致学生在面对真实问题时感到手足无措，因为他们没有得到足够的机会去实践和应用这些知识。

融合式课堂为改变这一局面提供了机会。结合了线上的丰富资源和互动性，以及线下的实践活动，融合式课堂为学生创造了一个更加全面和真实的学习环境。这种结合使学生有机会不仅学习理论知识，而且可以通过实际操作来深化理解和巩固学习。

例如，学生可以在线上平台上观看相关的教学视频，然后在线下进行相应的项目，以验证和应用他们在线上学到的知识。这种模式鼓励学生更加主动地参与学习，因为他们知道自己所学的知识将会在实际中得到应用。

此外，融合式课堂也为学生提供了更多的机会来培养创新思维。不再满足于知识的传递，教育者可以通过问题导向或项目导向的学习方式来鼓励学生如何在真实环境中创新应用所学知识。这不仅有助于培养学生的创新能力，还能帮助他们更好地为未来的职业生涯做准备。

4.目标与技术的结合

目标与技术的结合已成为当代教育的一个重要方向。过去，传统的教育方式主要依赖纸质教材和教师的口头讲解，与现代技术的关联相对较弱。而在这种环境中，学生的学习目标主要集中于知识的掌握和理解，基本不包括技术的应用和探索。

然而，随着科技的快速发展，尤其是互联网和移动技术的普及，学生的学习环境和需求已经发生了巨大的变化。为了适应这种变化，融合式课堂应运而生，将技术与教育有机结合。

在融合式课堂中，技术不再是一个单独的工具或资源，而是与学习目标紧密结合的一部分。例如，学生不仅需要学习传统的学科知识，还需要学习如何有效地在网络环境中寻找和评估信息，如何使用数字工具进行创意表达，以及如何与他人在线进行合作和交流。这些技术相关的学习目标为学生提供了更为全面和实践的学习经验，帮助他们在数字化的世界中更好地生存和发展。

此外，目标与技术的结合还有助于培养学生的数字素养。数字素养不只会使用技术的能力，还包括理解技术的原理、评估技术的影响，以及做出明智的技术决策。在融合式课堂中，学生有机会深入探索和实践这些技能，从而更好地为未来的生活和工作做准备。总的来说，融合式课堂的学习目标相较于传统课堂更为广泛、深入、灵活和实践性强。这为学生提供了更加丰富和多样化的学习体验，也更加贴近 21 世纪的教育需求。

（二）明确与具体的目标设置对学生学习的影响

在英语融合式课堂教学中，明确与具体的目标设置对学生的学习具有重要的影响，具体表现在以下几个方面。

1. 明确的方向与动机

当学生知道他们学习的目标是什么时，他们更容易为之付出努力和时间。明确的目标为学生提供了一个明确的方向，帮助他们明白自己为什么要学、要学什么以及如何学。

2. 增加自信与参与度

明确的目标可以让学生知道他们所期望达到的标准和水平。当学生觉得他们正在朝着一个具体的目标前进时，他们学习的自信心和积极性都会增强。

3. 效果的可测性

具体的目标为教育者提供了一个基准，以评估学生的进展和成果。这使得反馈更为具体和有意义，可以针对性地指导学生进行调整和改进。

4. 支持自主学习

在融合式课堂中，学生往往需要更多的自主学习。明确和具体的目标为学生提供了一个框架，帮助他们确定学习的重点、资源选择和学习策略。

5. 促进深层次的学习

当目标明确时，学生更可能进行深入的探索和反思，而不是仅仅为了完成任务而学习。这促进了更深入、批判性和创造性的学习过程。

6. 跨文化与技术的结合

在英语融合式课堂中，明确的目标可以涉及使用技术来探索文化差异、促进跨文化交流等。这为学生提供了一个更广阔的学习视野，帮助他们在全球化的背景下更好地理解和应用英语。

总之，明确与具体的目标设置在英语融合式课堂中对学生的学习产生了积极的影响。这种目标设置不仅为学生提供了明确的学习方向和动力，还有助于提高他们的学习效果和自主学习能力。为了确保学生能够在这种教学环境中获得最大的收益，教育者应该努力确保目标的明确性和具体性。

二、与学生需求和能力相结合的目标制订

在高校的英语融合式教学中，目标的制定不仅要基于教学大纲或课程标准，还需要考虑学生的实际需求和能力。这样的教学目标更有可能激发学生的学习兴趣和动机，同时也更容易实现教学的预期效果。

（一）学生需求分析

1.学术需求

在高等教育的背景下，英语在学术界占有举足轻重的地位，无论是科研、国际合作还是知识传播，英语都发挥着不可替代的角色。对于大学生，尤其是那些渴望在学术界发展或与国际同行合作的学生，学术英语能力的培养是不可或缺的。

在大学阶段，学生经常需要翻阅大量的英文文献，如期刊、论文、报告和书籍。为了能够理解和消化这些文献中的知识，强大的阅读理解能力是必须具备的。这不仅包括对复杂句子结构和专业词汇的理解，还包括对作者观点、论证方法和研究结果的深入分析。

除了阅读，学生还需要有能力用英语撰写学术论文、报告和提案。这要求学生不仅要掌握严谨的写作风格和标准格式，还要能够清晰、逻辑地表达自己的思想，为自己的观点提供有力的证据。

每个学科都有其专有的术语和词汇。对于大学生，特别是那些深入研究某一领域的学生来说，掌握相关的专业词汇是非常重要的。这不仅可以帮助他们更准确地理解文献，还可以使他们在撰写论文或与他人交流时更加自信。

随着全球化的加速，跨国和跨文化的学术交流变得越来越频繁。大学生需要培养与国际学者有效沟通的能力，这包括听说技能、会议演讲和文化敏感性。

针对这些需求，教育者应该设计合适的课程内容和活动，以帮助学生提高他们的学术英语能力，为未来的学术发展打下坚实的基础。

2.职业准备

在全球化的时代，英语已经成为许多职业领域的通行证，特别是在跨国公司和各种国际环境中。对于大学生而言，他们迈入职场的那一刻，英语能力便不仅仅是一种语言技能，而是一种必要的工作技能。

很多时候，求职者在面试中需要用英语自我介绍、描述自己的工作经验和回答面试官的问题。一个清晰、有条理的英语自述可以为求职者加分不少。

报告和演讲也是职场中常见的任务。无论是为了向上级报告工作进展，还是在大型会议上进行演讲，清晰、有条理和有说服力的英语表达都是成功的关键。

此外，随着工作场所的多元化，跨文化沟通技能变得越来越重要。与来自不同文化背景的同事、客户或合作伙伴交往时，理解他们的文化习惯和价值观可以避免很多误解和冲突。

随着远程工作的日益普及，网络沟通技能也变得越来越重要。如何在网络环境中高效、清晰地用英语沟通，如何组织和参与英语视频会议，都是现代职业人士必备的技能。

因此，高校英语融合式教学应该充分考虑学生的职业需求，为他们提供与实际职场相关的学习内容和实践机会，以帮助他们为未来的职业生涯做好准备。

3.跨文化交流

在今天这个日益全球化的世界中，跨文化交流的重要性已经不言而喻。无论是商业、学术还是日常生活，我们都可能与来自五湖四海的人们打交道。对大学生来说，这种交流的频率和深度可能会更高，因为他们身处于一个多元、开放的学术环境，并且他们将走入一个越来越无国界的职业市场。

跨文化交流并不仅仅是语言交流。当然，语言是基础，但更为关键的是理解和尊重彼此的文化差异。这些差异可能体现在价值观、思维方式、行为习惯、社交礼仪等多个层面。一个简单的手势或一个无意的词汇选择可能在某些文化中具有特殊的含义，而这正是跨文化交流中的挑战所在。

英语，作为一种国际性的语言，为跨文化交流提供了一个共同的平台。但仅仅掌握英语语法和词汇是不够的。大学生需要学会如何在使用英语时融入文化的敏感性，如何避免文化误区，并确保他们的信息能够被正确、无歧义地传达。

为了培养大学生的跨文化交流能力，高校英语融合式教学应该融入丰富的跨文化元素。可以引入与不同文化相关的案例、实际情境模拟、讨论或分析文化背景下的英语材料，如电影、音乐、文学或新闻。此外，与外国学生或教育机构的交流项目、国际学术研讨会或工作坊等也是非常有效的实践方式。

想要更准确地了解学生的需求，教育者可以使用问卷调查、访谈、小组讨论等方法，听取学生的声音，了解他们的学习经验、期望和挑战。通过对学生需求的深入分析，教育者可以设计出更符合学生实际情况的融合式英语课程，确保教学活动既有趣又有价值。而学生，也会更加积极地参与到这样的学习中，因为它们满足了他们的实际需求。

（二）教学内容与目标的协同设计

在高校英语融合式教学中，教学内容与目标的协同设计是关键。这意味着教育者不仅要明确教学的内容，还要确定这些内容是如何帮助学生达到预设的学习目标的。以下是关于教学内容与目标协同设计的一些建议和步骤。

1.明确教学目标

首先，根据学生需求分析的结果，确定学习的长期和短期目标。例如，长期目标可能是提高学生的跨文化交流能力，而短期目标可能是让学生熟悉特定国家的文化习俗。

2.选择相关内容

根据设定的目标，选择合适的教学内容。例如，为了达到上述的短期目标，教育者可以选择关于特定国家的文化、风俗、历史等内容进行教学。

3.整合技术与内容

考虑如何利用技术增强教学内容的呈现和交互。例如，使用视频材料介绍一个国家的日常生活，或者使用在线平台让学生与该国的学生进行交流。

4.设计活动与评估

围绕所选内容，设计各种教学活动，如小组讨论、角色扮演、项目任务等。同时，设计评估方法来检查学生是否达到了预设的目标，如通过口头报告、写作任务或在线测验。

5.反馈与调整

在教学过程中，根据学生的表现和反馈对教学内容和目标进行必要的调整。这可能涉及修改某些教学活动，或者为特定的学生提供额外的支持。

6.鼓励学生参与

在整个协同设计过程中，鼓励学生参与并提供反馈。他们可以参与选择教学内容，提出自己感兴趣的话题，或者给出对某个教学活动的建议。

总的来说，教学内容与目标的协同设计要求教育者有明确的规划和策略，确保所教授的内容与学生的需求和能力相匹配，并有效地使用技术和活动来增强学习体验。这不仅可以帮助学生更好地达到学习目标，还可以使教学过程更加有趣和有意义。

三、根据学习目标调整课程结构与内容

（一）课程内容的分解与整合

课程设计和内容结构是成功的融合式教学的核心。适应现代高校学生的需求和特点，尤其在英语融合式教学中，教师需要对课程内容进行分解与整合，确保学生能够在多样化的学习环境中获得最佳的学习体验。

1.内容分解

在高校的英语教学环境中，内容分解是至关重要的，因为它为教学策略的制定、资源的分配以及学习目标的实现提供了一个清晰的框架。

（1）听力

日常对话：此部分可以包括生活场景、校园对话、日常购物等，让学生熟悉常见的日常表达和词汇。

新闻：通过广播或视频新闻，学生可以接触到更正式、规范的英语，并扩大他们的词汇量和对当前事件的了解。

演讲：这可以涵盖 TED Talks、学术会议或其他公开演讲，使学生熟悉专业词汇和深入的议题讨论。

（2）口语

日常交流：提高学生在正常社交场合中口语的流利度和准确度。

展示与演讲：培养学生的公众演讲能力，并使其能够在更正式的场合中清晰、有信心地表达自己。

（3）阅读

学术文章：为学生提供不同学科的学术阅读材料，培养他们的批判性思维和研究能力。

新闻与杂志：提高学生的快速阅读能力，并使他们了解世界动态。

文学作品：通过经典和现代文学，使学生深入了解英语文化和历史。

（4）写作

学术写作：指导学生如何撰写论文、报告和其他学术作品。

商务邮件：教授学生在正式场合中的书面沟通技巧，如怎样写一封正式的电子邮件或商务信函。

日常书信：让学生掌握写日常书信、感谢信或邀请函等的技巧。

（5）词汇和语法

针对不同的学习层级和学习目标，设计专门的词汇和语法课程，如商务英语词汇、高级语法结构等。

（6）文化

文化知识：教授英语国家的历史、传统和文化现象。

跨文化交流：使学生了解与英语文化不同的其他文化，并培养他们的跨文化沟通能力。

通过对课程内容的这种分解，教师能够针对学生的具体需求和兴趣，为他们提供更加精确和有针对性的教学策略。

2. 个性化整合

分解之后的内容并不是孤立的，而是为了更好地整合。例如，分解后的听、说、读、写等技能可以被有目的地结合，为学生提供一个全面而有深度的学习体验。

以学生的跨文化交流需求为例。他们可能需要结合听、说、读、写技能来完成一个项目。例如，他们可以选择一个英语国家的文化现象进行研究，通过听新闻、阅读文献、进行访谈，并撰写报告来完成这个项目。

同样地，教师可以根据学生的职业准备需求来结合不同的内容。例如，学生可能需要了解商务文化并进行商务交流。他们可以通过阅读商务英语材料、模拟商务会议和演讲、并完成商务邮件写作来达到这一目标。

这种个性化整合的方法不仅可以满足学生的具体需求，还可以提高他们的学习动力和兴趣，使他们更加投入和积极地参与学习。当学生看到自己的需求和兴趣得到满足，他们就更有可能投入时间和努力，从而更有效地学习。

3. 技术的融入

融合式教学的特点是结合在线与离线的教学方式。对于分解后的内容，可以选择合适的技术工具进行教学。例如，对于听力训练，可以利用在线平台提供各种原声材料；对于写作，可以使用协作工具让学生在线合作并得到即时反馈。

根据学习目标对课程内容进行分解与整合，不仅可以使课程更加贴近学生的实际需求，还能在融合式教学中发挥最大的效果。

（二）课程内容与教学方法的选择与调整

首先，教师应深入了解学生的学习需求，如学术研究、职业准备或跨文化交流等，然后根据这些需求选择相应的课程内容。这样的内容更容易吸引学生的兴趣，并与他们的实际生活和未来目标相结合。

为了满足不同学生的学习风格和进度，教师应采用多种教学方法，如项目式学习、案例分析、小组讨论和角色扮演等。这样的教学方法不仅可以增加学习的趣味性，还可以培养学生的批判性思维、合作和创新能力。

利用技术工具可以增强学生的学习体验。例如，使用在线视频和音频材料可以提供丰富的听说练习机会；使用学习管理系统和互动平台可以促进学生之间的合作和交流。

教师应定期收集学生的反馈，评估课程内容和教学方法的效果，然后根据评估结果进行必要的调整。这种持续的改进可以确保课程始终保持与学生需求和兴趣的一致。

教师还要鼓励学生使用在线资源进行自主学习，如访问英语学习网站、参加在线英语课程和加入英语学习社区等。这样的自主学习可以帮助学生培养终身学习的习惯和能力。

总之，选择和调整课程内容与教学方法是一个动态的过程，需要教师持续关注学生的需求和反馈，灵活应对，确保课程内容和教学方法始终与学生的学习目标和兴趣相匹配。

四、评价标准与学习目标的对齐

（一）设定与学习目标相符合的评价方法

在高校英语融合式教学中，评价标准与学习目标的对齐具有至关重要的作用。为什么要设定与学习目标相符合的评价方法呢？因为这能确保学生所受到的评价是与他们的学习过程和预期成果相匹配的。

当评价与学习目标不对齐时，可能会产生误解。学生可能会误以为他们在某方面做得很好，而忽视了其他同等重要的领域。另外，如果评价太过偏重于某个方面，学生可能会过于依赖这个领域，而忽视其他关键的学习目标。

与学习目标相符合的评价方法不仅提供了一个清晰、具体的参照标准，使学生知道他们应该如何努力，还能确保他们所投入的努力是有方向的、有意义的。这样，评价不再仅仅是一个反馈机制，它成了学习过程中的导航工具，指引学生走向成功。

而在融合式教学中，这一点尤为重要。因为在这种教学模式下，学生有更多的自主权和选择权。如果缺乏清晰的评价标准，他们可能会感到迷茫和困惑。与学习目标相符的评价方法为学生提供了一个明确的路线图，帮助他们在这种灵活的学习环境中找到正确的方向。

（二）对齐评价内容与学习目标的策略

1. 明确定义学习目标

首先，需要明确每一个学习目标是什么，并对其进行详细的描述。这样，评价的设计者和学生都可以清晰地知道应当达到的标准。

2. 选择合适的评价工具

根据不同的学习目标，选择最适合的评价方法。例如，如果学习目标是提高学生的口头表达能力，那么口语考试或者小组讨论将是更合适的评价方法。

3. 多元化评价方法

使用多种评价方法来衡量学生在多个维度上的学习效果，如笔试、实际操作、项目报告、小组活动、在线互动等。

4. 定期进行评价调整

根据学生的学习表现和反馈，定期对评价内容和方法进行调整，确保它们始终与学习目标对齐。

5. 引入技术工具的支持

利用技术工具来帮助进行评价，如在线测验、模拟软件等，可以为学生提供及时的反馈，帮助他们了解自己在哪些方面做得好，哪些方面需要改进。

6. 持续的教师专业发展

鼓励教师参与专业培训，了解最新的评价策略和工具，使他们能够更有效地对齐评价内容与学习目标。

7. 鼓励学生参与

将学生纳入评价过程，让他们参与评价工具的选择和内容的制定。这样可以确保评价更加客观和公正。

通过采用上述策略，教育者不仅可以确保评价内容与学习目标的完美对齐，还可以更好地促进学生的学习进度，使他们更有动力去达到课程的学习目标。

第二节　学习资源的整合与创新

技术的进步与全球信息的增长使得学习资源日益丰富和多元化。但这也带来了一个问题：如何有效地整合、创新和使用这些资源以促进学生的学习？特别是在融合式教学环境中，有效的资源管理和创新使用已经成为提高教育质量的关键。

一、利用现有资源的挖掘与整合

（一）传统教材与线上资源的整合使用

传统教材与线上资源的整合旨在充分利用传统和现代教育资源的优势，为学生创造一个更丰富、更具互动性的学习环境。

1.传统教材的价值与局限

传统教材，在教育领域中，始终占据了核心的位置。无论是基础的教科书还是专业的参考书，这些经典的资源都是每一代学生学习的重要参考。

传统教材往往提供一个系统完整的知识体系，为学生展示了一个学科的全貌。从基础到进阶，每一个知识点都被精心编排，确保学生按照逻辑顺序逐步掌握。这些教材的内容不是随意编写的，而是基于长时间的研究和经验积累，由专家团队撰写、审查和修订，确保内容的真实性和科学性。

与频繁更新的在线资源相比，传统教材提供了一种稳定性。这使得教师和学生都能有足够的时间深入探讨和理解材料。并且实体书籍使学生可以直接在书页上做笔记、画线或添加便签，这种互动性有助于加深对知识的理解和记忆。

但在实际教学过程中，传统教材也有一定的局限性。例如，学科知识和技术日新月异，而传统的出版周期可能需要数年。这意味着学生可能没有机会接触到最新的研究成果或实践经验。与在线资源相比，传统教材无法提供音频、视频、动画或模拟等多种学习方式。教材的内容和结构是固定的，不易根据每个学生的个性化需求进行调整。并且，实体书籍可能很重，不如数字资源那样便于携带和访问。

综上所述，传统教材在教育中有其不可替代的价值，但也存在一定的局限性。为了给学生提供更全面、更新和多样的学习体验，现代教育越来越强调传统教材与线上资源的整合使用。

2.线上资源的优势

线上资源在当今教育领域的崛起和普及，改变了传统的教学模式，为学生和教育者带来了一系列独特的优势。

（1）实时性与动态性

与传统教材相比，线上资源可以迅速更新，从而反映最新的科学研究、技术进步或实践案例。例如，某些在线平台可提供实时新闻或数据流，使学生能够立即了解并分析当前事件。

（2）互动与参与感

许多在线资源都具有互动性，如模拟实验、测验或游戏。这种互动体验可以使学生更加积极地参与学习过程，从而加深对知识的理解。

（3）多媒体丰富性

线上资源可以融合文本、图像、音频和视频，为学生提供多种感官体验。例如，一个复杂的科学概念可以通过动画或视频来形象、直观地展示。

（4）个性化学习

学生可以根据自己的学习速度、风格和兴趣选择和使用在线资源。这种个性化的途径有助于满足每个学生的特定需求。

（5）便于分享与协作

在线资源易于分享和传播，学生可以与同伴或国际学者进行合作和讨论，扩展其学习网络和视野。

（6）随时随地的访问

大多数在线资源都可以在任何有网络的地方访问，为学生提供了更大的灵活性，无论是在家中、学校还是在路上。

（7）丰富的反馈机制

许多在线学习平台提供即时反馈，帮助学生识别自己的长处和短板，从而更有效地进行学习。

（8）社区与网络论坛

学生可以参与在线社区或论坛，与来自世界各地的同学、教师和专家进行交流，获取多种观点和资源。

线上资源为现代教育带来了前所未有的可能性。尽管它们存在一些挑战，如信息的真实性和过多的信息，但其优势明显。结合传统教材和线上资源，可以为学生提供更加全面和丰富的学习体验。

3.整合的策略

为了充分发挥这两种资源的优势，需要进行有效的整合。首先，应明确每个课程或单元的核心内容和学习目标，以确保选择的资源与教学目标相一致。当教科书为学生提供基础理论时，线上资源可以为这些理论提供实际的应用和实践，让学生从中体验和实践知识。

此外，鼓励学生参与资源的选择和整合过程能让他们主动地去搜索和分享有价值的资源。通过引入线上的反馈和评价机制，教师可以更好地了解学生的学习进度并及时调整教学策略。同时，应为学生提供线上技能的培训和指导，确保他们可以高效地使用这些资源。

这种整合不仅可以丰富学习的内容和形式，更可以通过线上资源中的互动和反馈机制，帮助学生深化对知识的理解，培养其批判性思维、创新能力和协作能力。与传统教材相比，线上资源更易于更新和扩充。因此，教师可以根据最新的研究成果、社会事件或技术发展，及时调整和补充教学资源，确保学生接触到最新的相关知识。

（二）开源与共享教育资源的运用

开源与共享教育资源的运用在现代教育领域中日益受到重视。随着技术的发展，教育资源从封闭的体系逐渐转向开放、共享的模式，为教育者和学生提供了更广阔的学习资源库。利用这些开源和共享的资源可以更好地满足学生的学习需求，丰富教学内容，并推动教育创新。开源与共享教育资源有以下特点和优势。

1. 无障碍访问

这些资源大多数可以免费访问，这使得来自不同背景和经济能力的学生都能够获取高质量的学习材料。

2. 多样性

共享的资源来自全球各地的教育者、研究者和专家，涵盖了多种文化、观点和方法，可以为学生提供更广泛、更深入的学习视角。

3. 可定制性

开源资源往往具有很高的灵活性，教育者可以根据具体的教学需求对其进行调整和改编。

4. 社区支持

许多开源和共享的资源都有一个活跃的社区，教育者可以与社区成员交流，分享经验，求助解决问题，持续地更新和完善教学资源。

5. 促进协作与创新

共享的模式鼓励教育者之间的协作，通过互相分享和交流，可以产生新的教学思路、方法和资源。

开源与共享教育资源为教育者提供了丰富的选择，从而丰富了教学内容和手段，为教学活动带来了多样性和新鲜感。然而，这也带来了一些潜在的问题和挑战。

首先，关于内容质量的问题。由于开源与共享教育资源并没有统一的标准或质量控制机制，因此，在这些资源中，既有高质量、专业的内容，也有可能存在一些不够严谨甚至有误的材料。这就要求教育者在选择这些资源时，必须进行仔细的筛选和评估，确保所选内容的准确性和适用性。

版权问题也是教育者需要高度关注的一个领域。虽然这些资源被标记为"开放"或"共享"，但并不是所有的资源都可以随意使用、修改或再分发。每个资源都可能有其独特的许可协议，有的可能仅允许非商业使用，有的可能要求使用者标明原作者，有的甚至可能有更加复杂的使用条款。因此，教育者在使用这些资源时，必须确保自己已经充分了解并遵守了相关的版权协议和使用规定。

此外，技术的挑战也不容忽视。尽管很多开源与共享教育资源试图做到尽量普及，但仍有一些资源是基于特定的技术平台或软件开发的。例如，某些互动教学模块可能只能在特定的操作系统或浏览器上运行，或者某个教学视频可能需要特定的解码器才能播放。这意味着，教育者在决定使用某个资源之前，需要确保他们和他们的学生都具备了使用这些资源所需的技术条件。

总之，开源与共享教育资源为现代教育带来了巨大的潜力和机会，但同时也伴随着一些挑战和风险。教育者需要充分了解这些问题，采取适当的策略和方法，确保能够高效、安全地利用这些资源，为学生提供更加丰富和高效的学习体验。

二、创新教育资源的开发与应用

（一）多媒体与互动教学资源的设计

多媒体教学资源为英语教学提供了丰富的音频、视频、动画和图像内容。例如，通过音频和视频片段，学生可以听到真实的语言环境中的英语发音、语调和语境，帮助他们更好地理解和模仿。动画和图像可以将抽象的语法规则和词汇概念转化为直观和有趣的内容，从而提高学生的理解和记忆。

而互动教学资源更是给英语融合式课堂带来了革命性的变革。传统的教学方法往往是单向的，即教师传授知识给学生。但现在，通过互动教学资源，如模拟对话、在线测验、互动游戏等，学生可以直接参与到学习过程中，与内容进行互动，实时获取反馈。这种参与和互动不仅可以加强学生的学习动机，还可以即时地调整和改进他们的学习策略。

为了更好地配合英语融合式课堂的需求，这些多媒体和互动资源应当具有一定的灵活性和可定制性，设计的策略如下。

首先，要确保内容的相关性和实用性。这意味着教师应该根据学生的实际需求，如学术、职业和跨文化交流等，来选择和设计资源内容。例如，如果学生的目标是商务英语，那么与商务场景、商务文化和商务交流技巧相关的多媒体和互动教学资源将会非常有用。

其次，设计时应注重学生的参与和互动。与其提供静态的、单向的教学内容，不如设计那些能够激发学生兴趣和参与的互动内容。例如，可以设计模拟商务场景的角色扮演游戏，让学生在模拟的环境中实践并应用他们的英语技能。

再次，为了增强学生的学习深度和持久性，教师应该在设计中结合多种感官体验。这意味着不仅仅是视觉和听觉，还可以考虑加入触觉和运动的元素，如通过虚拟现实技术来模拟真实的英语使用场景。

最后，技术的选择和应用也是关键。考虑到英语融合式课堂的特点，教师应选择那些能够支持线上和线下、同步和异步学习的技术工具。同时，这些工具应该是用户友好的，易于学生和教师使用。

综上所述，多媒体与互动教学资源的设计策略不仅关乎技术和内容，还需要深入考虑学生的需求、兴趣和学习习惯。通过精心的设计和实施，这些资源可以极大地增强英语融合式课堂的教学效果和学生满意度。

（二）基于现实情境的资源设计与应用

英语作为一种交流工具，其真正价值在于实际使用中。因此，模拟现实情境的教育资源对于学生的语言应用技能的培养至关重要。在设计这样的资源时，应确保情境的真实性和相关性。例如，可以设计一个模拟在国外机场办理登机手续的情境，让学生在这个场景中完成与机场工作人员的交流任务。

此外，现实情境的教育资源也应当鼓励学生的主动参与和实际操作。通过角色扮演、小组合作等方式，学生可以在情境中实际地使用英语，体验和应对真实的交流挑战。

基于现实情境的资源还可以结合线上技术工具，如虚拟现实、增强现实等，来创造更加沉浸式的学习体验。例如，使用虚拟现实技术，学生可以体验到在国外的真实生活场景，如市场、餐厅、图书馆等，并在这些场景中与虚拟角色进行互动和交流。

而在应用这些资源时，教师应引导学生深入思考和反思，帮助他们从情境中提炼出关键的语言技能和策略，以及如何在真实的生活中应用它们。

三、保持资源的更新与时效性

（一）定期对资源评估与更新

随着技术、文化和社会的快速发展，语言和其使用情境也在不断变化。因此，教学资源需要与时俱进，确保其内容、形式和方法都能满足当前的教学和学习需求。

定期评估和更新教学资源是确保其质量和有效性的必要步骤。首先，需要对现有资源的内容进行深入的审查，确保其准确性、适用性和相关性。例如，一些旧的文化或社会背景资料可能不再符合当前的实际情况，需要进行调整或替换。

除了内容上的审查，还需要评估资源的形式和方法是否还适合现代的教学环境和学生群体。随着数字化和网络化的趋势，学生的学习习惯和方式也在发生变化。传统的纸质教材或单一的教学方式可能无法满足他们的需求，而更加动态、互动和个性化的资源可能会更受欢迎。

在评估过程中，可以收集学生和教师的反馈意见，对资源的使用效果和满意度进行量化和定性分析。这些反馈将为资源的更新和优化提供宝贵的指导。

一旦确定需要更新或替换的资源，教育者应根据新的教学目标和策略进行选择和设计。这可能涉及引入新的技术工具、开发新的教学活动或模块，或与其他教育机构或企业合作共享资源。

定期评估和更新教学资源是英语融合式课堂教学持续改进和优化的重要环节，它有助于确保教学资源的质量和效果，满足现代教育的挑战和需求。

（二）引入行业与时事的最新材料

引入行业与时事的最新材料不仅能帮助学生掌握当前的趋势和信息，还有助于提高他们的批判性思维和实践能力。

1.引入方式

（1）课题设计

在英语教学中，时事和行业的热点话题作为课题来源具有巨大的潜力。根据这些话题设计的课题或项目不仅能够吸引学生的兴趣，还能使他们更加了解全球化的背景下的实际语境和文化。例如，当国际间发生某项技术合作时，教师可以设计与科技英语相关的研讨活动。这种方式可以培养学生的跨文化沟通能力，帮助他们理解并运用相关的行业术语，更重要的是，它让学生看到语言学习与现实生活之间的紧密联系。

（2）案例分析

案例分析方法在英语教学中是一种非常实用的教学策略。通过分析真实的、具有代表性的案例，学生可以更直观地了解语言是如何在实际情境中使用的。例如，教师可以选择一则国际新闻报道，让学生围绕它进行讨论、分析和模拟采访。这样的活动不仅可以提高学生的阅读和听力技能，还能锻炼他们的批判性思维和口头表达能力。更进一步，通过对案例的深入探讨，学生还可以学习到如何在特定的文化和社会背景下，恰当地使用英语进行交流。

2.选择标准

在融合式课堂教学中，为了确保教学的质量和效果，引入行业与时事的最新材料成了一种有效的策略。这些实时材料为课堂注入了活力，同时也让学生更加接近真实的应用场景。但选择这些材料并非随意，教育者必须考虑以下四个关键性标准。

（1）相关性

选择的材料必须与课程的核心内容和学生的学习目标紧密结合。例如，在一个关于商务英语的课程中，一个有关国际贸易的最新新闻报道将是极佳的材料。这种相关性不仅能够加强学生对基础知识的理解，还可以帮助他们了解这些知识如何应用在现实中。

（2）权威性

在众多的信息来源中，确保所选择的材料具有权威性和准确性至关重要。使用来自可靠的新闻机构、专家论文或官方报告的资料可以保证学生接触到的信息是准确和有价值的。这不仅可以避免误导学生，还能培养他们对权威信息的尊重和信赖。

（3）适用性

每位学生的学习能力和需求都是独特的，因此选择的材料应该能够满足广大学生的需求。这意味着教育者在选择材料时，不仅要考虑它的内容，还要考虑它的形式、长度和难度，确保它既不过于简单，也不超出学生的理解范围。

（4）价值性

一个好的教学材料应该能够激发学生的兴趣，引导他们进行深入的思考和讨论。例如，一个关于环境保护的新闻报道不仅可以帮助学生学习相关的词汇和表达，还可以引导他们思考人类活动对环境的影响，进而讨论如何采取行动来改善这种状况。

选取和使用行业与时事的最新材料是一个复杂但极具价值的过程。通过遵循以上四个标准，教育者可以为学生提供更加丰富、实用和有深度的学习体验。

3.获取渠道

在当前的信息时代，获取关于行业和时事的材料变得越来越容易。不过，选择正确的渠道以确保所获得的信息的准确性和时效性是至关重要的。以下是一些常用的获取渠道。

（1）新闻网站与应用

诸如 BBC、CNN、央视新闻等国际知名新闻机构是获取最新时事的首选。这些机构在全球范围内设有记者，确保第一时间报道各类重大事件。在英语融合式课堂教学中，这些权威的新闻来源不仅为学生提供了丰富的时事背景，还为他们展示了高标准的新闻报道文本，帮助他们提高听、说、读、写各方面的能力。

（2）行业期刊与杂志

《财经》《经济学人》《哈佛商业评论》等权威期刊为读者提供了深入、独到的行业分析和最新趋势。在教学中，教师可以利用这些期刊中的文章，帮助学生了解复杂的经济和商业问题，并培养他们的批判性思维和分析能力。

（3）数据库和研究中心

Statista、Pew Research 等研究中心提供的数据和报告具有极高的学术和应用价值。它们经常基于大量的实证研究，为学生提供了扎实的、可靠的数据支持。在课堂中，教师可以引导学生如何解读这些数据，如何将其与现实生活相结合，进一步提高学生的数据分析和解决问题的能力。

（4）社交媒体

微博、知乎、微信公众号等社交媒体平台上的行业领袖和专家为读者提供了与传统媒体不同的观点和信息。他们的分享往往更加即时、前沿，反映了最新的行业动态和趋势。但同时，因为社交媒体的开放性，教师在使用这些资源时应特别注意其权威性和准确性，确保为学生提供的是有价值的、可靠的信息。

选择合适的信息获取渠道是英语融合式课堂教学成功的关键。通过综合利用各种渠道，教师可以为学生提供更加丰富、多样的学习材料，帮助他们更好地理解和应用所学知识。

四、提高学生的资源获取与利用能力

（一）培训学生如何查找、筛选与评价资源

提高学生的资源获取与利用能力是当今信息爆炸时代的一个核心技能。在英语融合式课堂教学中，这一能力不仅有助于学生更加自主地探索学习内容，还能培养其独立思考、批判性思维和终身学习的习惯。

1.查找资源

查找资源是信息素养的第一步。首先，教师应指导学生熟悉并使用各种搜索工具，如百度、谷歌学术等，使其掌握基本的搜索技巧和策略。此外，引导学生熟悉图书馆的电子资源和数据库，如 CNKI、万方等，能让他们获取更为权威和专业的资料。

2.筛选资源

在海量的信息中，如何筛选出真正有用的资源是一项挑战。学生需要学会辨别信息的时效性、相关性以及来源的权威性。例如，教师可以设计一些实践活动，如让学生比较两个或多个来源的信息，分析其异同，并据此做出判断。

3.评价资源

评价是信息素养的高级技能，要求学生不仅停留在信息的表面，还要深入挖掘其背后

的价值和意义。在英语融合式课堂中，教师可以指导学生运用批判性思维，对所获得的信息进行深度分析和评估，如检查信息的准确性、完整性和偏见，从而提炼出真正有价值的内容。

此外，随着数字技术的发展，信息的形式和载体也在不断变化。因此，教师还应教授学生如何处理各种数字格式的资源，如电子书、音视频材料、互动模块等，使其能够有效地整合和利用这些资源，提高学习效果。

总之，培训学生如何查找、筛选和评价资源不仅是英语融合式课堂的需要，更是培养学生终身学习和未来就业的关键能力。只有当学生掌握了这些技能，他们才能在信息爆炸的环境中独立地学习和成长，为未来的职业生涯做好准备。

（二）鼓励学生自主创作与分享资源

在教育过程中，学生不仅是知识的接受者，还可以是知识的创造者。鼓励学生自主创作与分享资源，不仅能够提高他们的学习主动性、培养创新思维，还能够锻炼他们的团队合作和交流技能。

1. 自主创作资源的重要性

自主创作在教育过程中具有不可忽视的重要性。当学生深入参与创作过程时，他们实际上正在对所学的知识进行深度加工和整合。这种从被动接受知识转变为主动探索的过程，有助于他们更深入地理解和应用所学内容。此外，创作本身就是一种发散性的思考活动。在这个过程中，学生将所学知识与个人经验和观点相结合，从而产生全新的内容或表达方式。这不仅有助于培养他们的创新思维，也使他们能够更好地应对未来不断变化的社会和工作环境。

而且，创作还是技能锻炼的有效方式。无论学生是在写作、设计作品、编写程序还是制作多媒体内容，这些活动都要求他们实践和应用一系列技能。这种实践中的学习方式，使他们不仅掌握了知识，还得到了真正的技能训练，为未来的学术和职业生涯打下了坚实的基础。

2. 分享资源的益处

分享资源的益处在教育和学习中是显而易见的。它不仅能够增进学生的学习成果，还有助于培养一系列重要的个人及社交技能。

首先，分享资源可以帮助学生建立社区意识和归属感。当学生分享自己的作品、知识或技能时，他们会感受到自己在社区中的重要性和价值。这种参与感和认同感有助于建立积极的学习氛围，让学生更愿意参与学习活动，并积极与他人互动。

其次，分享资源还为学生提供了获得反馈和改进的机会。当学生将自己的作品展示给他人时，他们会得到来自同伴或老师的评价和建议。这些反馈可以帮助学生发现自己的盲点、错误和不足之处，从而促使他们进行反思和改进。通过这个过程，学生可以不断提高自己的技能和表现。

另外，分享资源还有助于提高学生的沟通与协作能力。分享资源往往伴随着与他人的交流和讨论，学生需要学会如何清晰地表达自己的观点，理解他人的想法，并在合作中取得共识。这样的经验对于学生在未来的学习和职业生涯中都是非常宝贵的。

除了个人能力的提升，分享资源还能促进知识的传播和共享。当学生愿意分享自己的学习成果时，整个社区都能从中受益。分享能够扩大知识的传播范围，让更多的人受益。这种共享精神也有助于建立友好、合作的学习环境。

3. 具体措施

为了鼓励学生自主创作与分享资源，教育者可以采取一系列措施，以提供支持、激发学生的兴趣，并促进他们积极参与创作和分享活动。

（1）提供平台与工具

学校应该提供易于使用的创作工具和分享平台，如学习管理系统、博客平台或社交媒体。这些工具应该简单易懂，让学生能够专注于创作本身而不被技术问题困扰。

（2）设定明确的目标与指导

在课程设计中融入创作与分享的任务，为学生设定明确的学习目标，并提供详细的指导和支持。这样学生会知道自己需要完成什么任务，如何进行创作，并在何处分享成果。

（3）创设积极的学习环境

鼓励学生在课堂上展示和分享自己的作品，为他们提供积极的反馈和建议。营造一个互相鼓励、合作与分享的学习氛围，让学生感受到分享是被认可和鼓励的行为。

（4）提供激励和榜样

分享一些优秀的学生作品或成功的创作案例，激发学生的创作灵感。这样学生可以看到分享的好处和潜在的成果，从而增强自主创作的动力。

（5）尊重个性和兴趣

鼓励学生以自己独特的方式进行创作和分享。每个学生都有不同的创作风格和喜好，应该尊重多样性，让学生找到适合自己的创作方式，并愿意将成果与他人分享。

通过以上措施，学生将更有动力和信心进行自主创作与分享资源，培养他们的创造力、合作精神和沟通能力，从而在学习中取得更大的成长和进步。

第三节　课堂活动的设计与组织

教学活动的设计与组织是促进学生参与和学习效果提升的关键要素。活跃课堂氛围的互动与合作活动，能够激发学生的学习兴趣和主动性，促进他们在学习过程中建立深层次的理解。本节将重点探讨课堂活动的设计与组织，旨在帮助教师在英语融合式课堂上创造一个积极、协作和富有创意的学习环境。

一、活跃课堂氛围的互动与合作活动

（一）讨论与小组合作的形式与方法

在英语融合式课堂教学中，讨论与小组合作是两种非常重要的互动方式。这两者不仅有助于激发学生的学习兴趣，还能促进学生之间的交流与合作，提高他们的实际语言应用能力。

1. 主题讨论

根据教材内容或与之相关的热点事件，预设一个讨论主题，让学生进行探讨。鼓励学生自行提出与主题相关的问题，这既可以激发他们的思考，也能引导他们进行深入的探讨。具体实施步骤可以参考下面的案例。

（1）主题介绍

教师组织学生对 "Factors Affecting College Students' Mental Health." 这个主题进行讨论。在进行课文及资料阅读后。教师鼓励学生自行提出与主题相关的问题，例如：

What are the main factors contributing to college students' mental health issues？

How does academic stress impact students' mental well-being？

What are the effects of social media and smartphone usage on college students' mental health？

（2）小组讨论

学生分成小组，每个小组负责讨论一个或多个问题。学生在小组内积极讨论，用英语交换意见和分享观点。教师在小组间巡回，参与讨论，并提供必要的指导。

（3）整体分享

小组讨论结束后，教师组织全班进行整体分享。每个小组向其他组介绍他们的研究结果、重点和结论。这样可以进一步促进学生间的互动学习，让他们接触到不同观点和意见。

（4）词汇和语言点

在讨论过程中，教师记录学生可能需要用到的相关词汇和语言点，以便在反馈环节进行指导。教师可以针对学生的语言使用进行反馈，帮助他们扩展词汇量和提高语言表达能力。

（5）反馈与反思

最后，教师提供学生参与讨论的反馈。通过正面鼓励和建设性反馈，激励学生并帮助他们改进英语沟通能力。教师鼓励学生反思讨论过程，例如：

What did you learn from this discussion？

How can you enhance your engagement next time？

通过主题讨论和学生提问，英语学习者可以积极探索和讨论现实世界的问题，提高语言能力、批判性思维和跨文化意识。这种教学方法营造了一个动态而有趣的课堂环境，让学生在探讨问题的同时，提高重要的沟通技巧。

2. 角色扮演

在学习特定的对话或情境时，让学生分配角色，模拟实际的交流场景，这样可以让他们更好地理解和运用所学的知识。下面以"在餐厅点餐"为例，介绍角色扮演的具体实施。

（1）教师准备

教师提前准备一个关于在餐厅点餐的对话情境，包括顾客和服务员之间的常见交流内容。

Customer：Good evening.

Waiter：Good evening. Welcome to Big Tree. How many people are in your party?

Customer：It's just me.

Waiter：Great, please follow me to your table.

（Customer and waiter walk to the table.）

Waiter：Here is your menu. Can I get you something to drink?

Customer：Yes, I'd like a glass of water, please.

Waiter：Of course. One glass of water.（The waiter writes down the order.）Here you go. Are you ready to order your meal?

Customer：Yes, I think so. I'll start with the Caesar salad, please.

Waiter：Excellent choice. Caesar salad as a starter. And for the main course?

Customer：I'll have the grilled chicken with mashed potatoes and sautéed vegetables.

Waiter：Grilled chicken with mashed potatoes and sautéed vegetables. Got it. How would you like your chicken cooked?

Customer：Medium, please.

Waiter：Medium it is. Anything else?

Customer：Yes, I'd also like a side of garlic bread.

Waiter：Noted. One side of garlic bread. And do you have any dietary restrictions or allergies that we should be aware of?

Customer：No, I don't have any allergies.

Waiter：Perfect. I'll make sure the kitchen is aware of your order. Your salad will be out shortly. Is there anything else I can get you in the meantime?

Customer：No, thank you. I'm all set for now.

Waiter：Alright then. I'll be back with your salad and then later with your main course. Enjoy your meal!

Customer：Thank you.

（The waiter leaves, and the customer waits for the food to be served.）

（2）角色分配

学生们被分成小组，并在每个小组中分配不同的角色，如顾客、服务员等。每个小组有一名服务员和一名或多名顾客，根据班级规模和学生人数可以调整分组情况。

（3）角色扮演

每个小组开始进行角色扮演，模拟在餐厅点餐的实际情景。学生们根据对话脚本和所学的句型，进行对话练习。教师可以在场上演示一次，引导学生正确的表达方式和礼仪。

（4）互动和纠错

在角色扮演过程中，教师可以在场上观察学生的表现，并提供必要的指导和纠错。学生之间也可以相互交流，提出改进建议，共同提高对话的流利程度和自然度。

（5）整体表演

当所有小组完成角色扮演后，教师可以组织一个整体表演，让每个小组上台表演他们的对话情景。全班其他同学可以充当观众，评估角色扮演的表现和语言运用。

通过角色扮演，学生在模拟实际场景中运用所学的英语知识，加深对句型和表达方式的理解和记忆。这种互动式的教学方法使学生更加主动地参与学习，增强了他们的口语表达能力和交际技巧。此外，角色扮演还可以培养学生的团队合作意识和自信心，让他们在轻松愉快的氛围中提高英语沟通水平。

3.项目式小组合作

学生可以根据教材内容或教师指定的题目，分组进行项目研究。例如，做一次英语国家的文化研究、制作英语教学视频等。在项目进行过程中，学生需要合作完成各种任务，如资料搜集、分工、演讲准备等，这不仅能提高他们的团队合作能力，还能锻炼他们的英语实际应用能力。

（1）项目目标和分组

教师首先介绍项目的目标，即让学生深入了解不同英语国家的文化、传统和习俗。然后，学生按照教师的指示或自行选择，组成小组，并选择一个英语国家作为研究对象。

（2）文化研究

每个小组开始进行文化研究，搜集关于该国家的资料，包括历史、风俗、音乐、美食、节日等方面的信息。学生可以利用图书馆、互联网、采访当地人等途径获取资料。

（3）分工合作

小组成员在项目中分工合作，每位成员负责研究和准备某个特定方面的文化内容。例如，一个学生负责音乐和舞蹈，一个学生负责美食，另外两位学生负责节日和传统。

（4）展示准备

小组成员根据各自负责的内容，准备展示材料，可以制作海报、PPT演示、视频剪辑等。学生们需要用英语撰写展示内容，并练习口头表达，确保他们在展示中能够流利地介绍所研究的文化信息。

（5）项目展示

在项目完成后，小组们进行展示，向全班呈现所研究的英语国家文化。每个小组以英语进行展示，向同学们分享他们的研究成果，介绍该国家的特色和文化。

（6）同学互动

在展示过程中，其他同学可以提问或分享自己对该国家文化的了解和体验，增加交流互动的机会，增强学生的跨文化意识。

通过这样的项目式小组合作，学生不仅可以深入了解不同英语国家的文化，还能锻炼他们的英语实际应用能力和团队合作能力。这种学习方式鼓励学生主动参与、积极合作，并培养了他们的研究和表达能力，同时也促进了跨文化交流和理解。

4. 在线与线下结合的小组活动

利用现代技术手段，如在线讨论板、即时通信工具等，让学生在课堂之外进行小组活动，如在线讨论、分享资料等。

结合线下活动，如实地考察、外出采访等，让学生有更多的实践机会。

5. 多媒体与技术融入

教师可以使用多媒体工具，如视频和音频，来引入主题、呈现相关信息和故事，激发学生的学习兴趣。例如，在讨论全球环境问题的主题时，教师可以展示来自不同地区的视频素材，让学生亲身感受环境问题的现实影响。通过制作精美的PPT展示，教师可以呈现图文并茂的内容，更生动地描述和解释复杂的概念。同时，可以插入图片、图表和漫画等视觉元素，帮助学生更好地理解和记忆学习内容。

多媒体工具和技术的融入，使英语教学变得更加生动有趣，激发了学生的学习兴趣和参与热情。学生可以通过视听感受，更深入地理解和吸收学习内容。同时，多媒体与技术的应用也扩展了学习场景，让学生在线上平台上进行更自主、更互动的学习。这种教学方法不仅提高了学习效果，还培养了学生的信息素养和技术能力，为他们未来的学习和职业发展奠定了良好的基础。

（二）游戏化在课堂互动中的应用

游戏化是一种利用游戏设计元素和思维在非游戏情境中增强用户参与度、动机和体验的策略。其主要目的不是创造一个真正的游戏，而是应用游戏的某些元素——如积分、等级、挑战和奖励——来激励、引导和维持用户的参与和兴趣。

融合式课堂结合了传统的面对面教学与在线教学，为学生提供了更为灵活的学习方式。游戏化元素可以巧妙地融入这种模式，进一步提高学生的参与度和学习效果。

1. 积分与奖励系统

学生完成某个学习任务、参与线上讨论、成功完成测试或任何其他与课程目标相关的活动都可以获得积分。累计一定积分后，可以获得某种奖励，如额外的学习资源、徽章或其他认证。

2. 等级与进度条

随着学生的学习进展，他们可以从一个等级晋升到另一个等级。这不仅可以帮助学生看到自己的进步，还可以激励他们努力完成更多的学习任务。

3.挑战与任务

为学生设计系列挑战任务，如完成特定的语言练习、参与角色扮演活动或完成一次小组项目。成功完成挑战后，学生可以获得积分、徽章或其他奖励。

4.互动故事

创建一个与课程内容相关的互动故事，学生可以通过扮演故事中的角色来进行语言实践。例如，创建一个在国外旅行的故事情境，学生需要用英语完成各种任务，如订酒店、问路或购物。

5.团队合作与竞赛

学生可以组成小组，共同完成某个学习项目或挑战任务，并与其他团队竞争。这不仅可以增强团队合作精神，还可以增加学习的趣味性。

游戏化在英语融合式课堂教学中的应用可以创设活跃的课堂氛围，帮助学生更加积极地参与学习，提高他们的学习兴趣和动机。同时，通过不断地挑战和奖励，学生可以更好地掌握和应用所学的知识和技能。

二、针对学习目标的活动设计

（一）确保活动与学习目标的一致性

设计教学活动时，最重要的是确保这些活动能够支持和推进课程的学习目标。以下是如何确保活动与学习目标的一致性的具体步骤和建议。

1.明确学习目标

在开始活动设计之前，首先要清晰地定义课程或单元的学习目标。这些目标应该是明确、具体、可测量的。例如，"学生应该能够使用正确的时态描述过去的事件"。

2.选择合适的活动类型

根据学习目标选择最合适的活动类型。例如，如果目标是培养学生的口语能力，那么角色扮演或小组讨论可能是一个好的选择。

3.设计活动内容

在设计活动内容时，确保每个活动都与至少一个学习目标直接相关。活动应该是有挑战性的，但也要确保学生有能力完成它。

4.提供明确的指导和反馈

对于每个活动，都应该提供明确的指导，告诉学生他们需要做什么以及如何做。在活动结束后，为学生提供反馈，帮助他们理解自己的表现如何以及如何改进。

5.定期评估和调整

定期评估活动的有效性，确保它们仍然与学习目标保持一致。如果发现某个活动不能有效地支持学习目标，那么应该考虑是否进行调整或替换。

6.鼓励学生自主学习

设计一些活动，让学生自己选择学习资源或方法，以达到学习目标。这可以增强学生的自主学习能力和兴趣。

7.融入真实情境

设计活动时，尽量模拟真实情境，让学生在实践中达到学习目标。例如，如果学习目标是让学生掌握餐厅用语，那么可以模拟一个餐厅的情境，让学生扮演服务员和顾客。

总之，确保活动与学习目标的一致性是提高教学效果的关键。只有当活动与学习目标紧密相联时，学生才能有效地掌握和应用所学的知识和技能。

（二）根据学生的差异性调整活动形式

学生的差异性是教育中的一个核心议题。无论是能力、学习风格、背景知识、文化背景还是兴趣，每位学生都有其独特之处。为了有效地满足每位学生的学习需求，教育者需要根据学生的差异性来调整活动形式。

1.了解学生的背景和需求

了解学生的背景和需求对于个性化教学至关重要。通过问卷调查、面谈和测试，教师可以获取学生的学习历史、英语水平、学习风格和学习目标等信息。这样的了解可以帮助教师更好地调整教学内容和方法，满足学生的学习需求。

除了正式的评估，教师还应该密切关注学生在课堂活动中的表现。观察学生的参与程度、理解能力和兴趣，以便及时发现哪些学生需要额外的支持或者哪些学生需要更高层次的挑战。

2.分层教学

在了解学生的能力和知识水平后，教师可以针对不同层次的学生设计不同的学习活动。对于初学者，可以提供更基础的任务和辅导，帮助他们建立语言基础。对于高水平的学生，可以提供更复杂和深入的学习任务，激发他们的学习兴趣和挑战他们的思维。

分层教学有助于确保每位学生都在适合自己的学习水平上进行学习，避免让学生感到无所适从或者过于轻松。

3.提供选择

给予学生选择权，让他们根据自己的兴趣和学习风格选择适合自己的学习活动。这可以增加学生的主动性和学习动机。例如，学生可以在多个学习任务中选择，包括写作任务、口头报告、多媒体项目等。他们可以选择自己感兴趣的主题或形式进行学习。

4.使用多种教学方法

不同的学生对于不同的教学方法有不同的喜好和反应。因此，教师应该尝试结合多种教学方法，如讲座、小组讨论、实验、项目学习等，以满足不同学生的学习需求。

采用多种教学方法可以增加课堂的多样性和趣味性，同时也能更好地满足学生的学习风格和需求，帮助他们更好地掌握知识和技能。

5.鼓励学生间进行合作

通过小组合作活动，鼓励学生之间相互合作和学习。合作可以帮助学生建立团队合作能力、沟通技巧和解决问题的能力。同时，不同背景和能力的学生可以在合作中互相帮助和学习，共同完成任务。通过学生间的合作，教师还可以促进跨文化交流和理解，培养学生的团队意识和全球意识。这种合作性的学习方式也有助于营造积极的学习氛围，让学生愿意相互分享和学习。

总之，考虑学生的差异性是提高教学效果的关键。只有当教学活动真正符合学生的需求和特点时，学生才能得到最大的学习效果。

三、活动的组织与管理策略

（一）有效地分组与角色分配

在英语课堂教学活动中，良好的小组分工和角色分配可以优化学习过程，提高学生的参与度和效果。以下是如何有效地进行分组与角色分配的建议。

1.目标明确的分组

在进行分组前，先确定分组的目的。是为了鼓励合作、促进深度讨论、开展项目研究还是其他目的。明确目的有助于决定组的大小和组员组成。

2.多样性分组

根据学生的能力、背景、学习风格和兴趣进行多样性分组，让每个小组内的学生具有互补性。这样，学生可以从小组的多样性中受益，互相学习和支持。

3.轮换小组成员

定期更换小组成员，确保学生有机会与不同的同学合作，扩大他们的交往圈，同时避免长时间的固定分组可能导致的固化思维。

4.明确的角色与职责

在小组内为每位学生分配明确的角色和职责，如组长、记录员、研究员、报告者等。确保每位学生都明白自己的任务，并对小组的成功负有责任。

5.提供培训与支持

如果学生不熟悉小组合作或特定的角色，提供培训和指导，确保他们有能力完成分配的任务。

6.建立合作准则

与学生一起建立小组合作的准则和预期，如如何互相尊重、如何做决策、如何解决冲突等。明确的准则可以帮助小组有效、和谐地合作。

总之，有效的分组与角色分配是促进小组合作和学习的关键。教育者需要根据学生的特点和课程的目标，灵活地进行分组与角色分配，确保每位学生都能从中受益。

（二）时限与进度的管理

在英语融合式课堂教学中，时间管理是至关重要的。不仅要确保所有活动在预定的时间内完成，还要确保学生有足够的时间来吸收、练习和反思所学内容。以下是如何有效管理时限与进度的建议。

1.明确学习目标与活动时长

在课堂开始前，明确每个活动的学习目标和预计时长。这不仅有助于教师进行时间管理，也能让学生对课堂的结构和预期有所了解。

2. 设计融合式活动

在英语融合式课堂中，应结合线上和线下活动。例如，可以在课堂上进行小组讨论，然后让学生在线完成写作任务。设计时需考虑两种活动的时间协同。

3. 使用计时工具

利用计时器或其他时间管理工具来监控每个活动的时长，确保不会超时。对学生来说，这也是一个提醒他们关注时间的好方法。

4. 提供时间管理技巧

为学生提供时间管理技巧和策略，如如何为复杂任务分配时间、如何设定优先级等，帮助他们在融合式学习环境中更高效地学习。

5. 灵活调整进度

虽然提前规划是必要的，但也要准备随时调整。如果学生在某个主题上表现出强烈的兴趣，可能需要调整进度以深入探讨。

6. 与学生沟通预期

在课程开始时，与学生讨论时限与进度的重要性，确保他们了解如何跟上课程进度，特别是在融合式教学环境中。

7. 在线活动与资源的有效管理

对于线上部分，确保所有资源和任务在需要的时候都可用，并为学生提供一个清晰的时间表，明确在线活动的开始和结束时间。

总的来说，在英语融合式课堂教学中，时限与进度的管理是确保教学效果和学生学习体验的关键。教师需要预先计划，同时也要具备灵活应变的能力，以应对各种可能的情况。

四、从活动中提取与反思学习经验

在任何教学过程中，学习的反思与总结是深化认知、巩固知识、调整策略并持续进步的关键步骤。特别是在英语融合式课堂中，教师和学生共同参与的反思活动更是能促进双方互动、加深共同理解和建立更紧密的师生关系。以下是一些有效的策略。

1. 开放式讨论

开放式讨论是一种鼓励学生积极参与、分享和交流的教学活动形式。将其安排在课堂的最后时段，可以为学生提供一个相对轻松的环境，让他们分享他们在学习过程中的体验、挑战和取得的成果。同时，教师也可以借此机会与学生进行真诚的对话，了解他们的学习进展以及遇到的问题，从而更好地指导和支持他们。

2. 反思日志

反思日志是一种有效的教学工具，它可以帮助学生和教师在学习和教学过程中更深入地思考和反思，从而提高学习效果和教学质量。学生可以在反思日志中记录他们在学习过程中的心得和收获。他们可以反思自己的学习方法是否有效，哪些方法对他们更有帮助，从而更好地规划自己的学习策略。学生可以在日志中表达他们在学习中遇到的困惑和问题。这种写作过程有助于学生理清思路，同时也为教师提供了解学生需求的途径，从而更好地进行个性化指导。

通过定期记录反思，学生可以回顾自己在一段时间内的学习进步，并进行自我评估。这有助于学生树立学习目标，发现自己的优势和改进之处，为未来的学习规划做出调整。

对于教师而言，教师可以撰写教学日志，记录每堂课的教学过程，包括教学方法、学生反应等。这些观察可以帮助教师发现自己的教学优势和改进点，从而提升教学效果。教师也可以借助日志写作，对教学过程中的挑战、成功和失败进行反思。这有助于教师发现教学中的问题，并思考如何改进和优化教学方法。通过阅读学生的反思日志，教师可以更了解学生的学习需求和困惑，从而更好地进行个性化指导和支持。

使用反思日志需要鼓励学生坚持写作，并保证日志的私密性，让学生感到自由表达。同时，教师也应该示范并坚持撰写自己的教学日志，形成良好的教学反思习惯。通过反思日志的应用，学生和教师可以共同成长，促进学习效果的提升和教学质量的不断改进。

3.构建反思社区

利用线上平台或社交媒体工具，创建一个反思社区，鼓励学生和教师共同分享和交流学习与教学的经验和感受。

在反思社区中，学生和教师都被鼓励积极参与，分享他们的学习成果、挑战和心得体会。学生可以通过反思日志、成果展示、问题分享等方式表达自己在学习过程中的体验和想法。教师则可以分享他们的教学设计、观察和感悟，以及对学生学习状态的反思。这种信息交流可以帮助教师更了解学生的学习需求和困惑，同时也能让学生了解到教师的教学理念和关心。

这样的反思社区不仅有助于学生和教师个体的成长，也促进了教育共同体的形成。学生和教师可以相互启发，借鉴他人的经验和方法，共同提高学习和教学质量。社区的持续运作和改进也意味着反思的过程不会停止，学生和教师可以不断改进自己的学习和教学，适应不断变化的学习需求和环境。

4.定期的评价与反馈

除了日常的教学反馈，可以设定周期性的评价时段，如每个月或每个学期，让学生和教师共同回顾、评估和调整学习和教学策略。教师应认真对待学生的反馈，及时调整教学策略和方法，确保教学与学生的需求和期望保持一致。

5.鼓励学生提出建议

为了创造一个开放、无压力的环境，让学生敢于提出对教学的建议和意见，教师可以采取以下措施。

首先，教师应该展现出对学生意见的重视和欢迎。在课堂上或者平时的学习交流中，鼓励学生表达自己的想法，表现出真诚的兴趣和关心。这样可以让学生感到他们的意见被重视，并且愿意主动参与交流。

其次，教师可以提供匿名提建议的渠道。有些学生可能对直接提出建议感到拘谨或害怕，通过匿名渠道，学生可以更自由地表达自己的想法和意见，减轻压力。

再次，教师应该学会接受学生的批评和建议。当学生提出建议时，教师不应当抱有防御态度，而是以开放的心态接纳这些建议。教师可以将学生的建议视为改进的机会，从中发现自己的不足之处，不断提高教学水平。

最后，教师要及时回应学生的建议。学生会更愿意提出建议，如果他们看到自己的建议得到了回应，并且在教学中得到了实际应用。教师可以在课后或课前与学生交流，或者通过在线平台回应学生的建议。

6. 实施行动研究

教师可以实施行动研究，通过系统地观察、记录、分析和反思自己的教学实践，以此改进教学策略和提高教学质量。

通过学生与教师共同的反思与总结，不仅可以加深学生的学习体验，还可以帮助教师更好地满足学生的需求，促进教育质量的持续提高。

第四节　学生角色的转变与参与

在当代的教育领域，我们正在见证一个重大的转变——从传统的、学生作为被动接收者角色的教学方式，转向鼓励学生主动参与、自主选择和深入探索的学习模式。特别是在英语融合式教学中，学生不再仅仅是知识的接收者，而是知识创造过程的合作者和参与者。为此，教育者们开始寻求策略，如何更好地引导学生、激发他们的学习动机，并使他们在教学过程中占据主导地位。

一、从被动学习者到主动参与者的角色转变

（一）被动与主动学习的对比

在传统的教学方式中，学生通常处于被动学习的角色。他们坐在教室里，听教师讲解知识，然后完成分配的作业和考试。这种被动学习的方式可能导致学生对学习内容的理解和记忆效果不佳，缺乏主动学习的积极性。而在英语融合式教学中，学生的角色发生了转变，从被动学习者转变为主动学习者。这种转变强调了学生在学习过程中的主动参与和自主学习。学生不再仅仅是听众，而是积极地参与讨论、探究和合作，成为知识的探索者和创造者。

主动学习的特点如下。

1. 自主探究

学生被鼓励通过自主探究来获取知识。教师的角色变为指导者和促进者，鼓励学生提

出问题、寻找答案并解决问题。

2.合作学习

学生之间以及学生与教师之间的合作成为重要的学习方式。通过小组合作和讨论，学生可以分享自己的理解和观点，共同解决难题，增强学习效果。

3.实践性学习

学生通过实践性的学习活动，如角色扮演、项目研究和现实生活情境模拟等，将学到的知识应用于实际场景，加深对知识的理解和记忆。

4.学习动机

学生的学习动机得到激发。由于学习内容与学生的兴趣和需求相关，并且学生可以参与决策学习过程，他们更有动力去学习。

5.反馈和自我评价

学生在学习过程中接受及时反馈，通过自我评价发现自己的学习成果和不足之处，进一步完善学习。

英语融合式教学使学生的学习变得更加积极、参与和富有成效。他们不再只是被动地接受知识，而是积极地主导学习过程。这种学习方式有助于激发学生的学习兴趣和动力，提高学习效果，培养学生的自主学习能力和合作精神，从而更好地适应未来的学习和工作挑战。

（二）鼓励学生自主学习的策略

在英语融合式教学中，鼓励学生自主学习是促进学生深层次学习的关键。学生的自主学习意味着他们能够独立地管理、监控和评估自己的学习过程。以下是一些策略，帮助教师鼓励学生在融合式英语课堂上自主学习。

1.目标设定与自我评估

在英语融合式教学中，鼓励学生为自己设定学习目标是培养其自主学习能力的重要策略。在学期开始时，教师可以引导学生思考他们希望在英语学习中实现的具体目标，如提高口语表达能力、加强阅读理解能力、掌握更多的词汇等。学生可以将这些目标写下来，并制订相应的学习计划。

同时，为了帮助学生更好地追踪和反思学习进程，教师可以提供反馈工具，如学习日志或自评表。学生可以定期记录自己的学习情况，包括已经完成的学习任务、遇到的困难、学习成果和感受等。学期结束时，学生可以再次回顾这些记录，进行自我评估，看是否实现了设定的学习目标，以及自己的学习有哪些进步和不足之处。

2.资源的自由选择

在英语融合式教学中，学生可以根据自己的学习风格和需求自由选择学习资源。教师可以提供多样化的学习资源，如在线课程、视频、文献等，让学生根据自己的兴趣和学习习惯进行选择。

定期推荐和更新学习资源也是重要的策略。教师可以根据学习进度和学生的反馈，不断更新学习资源，提供更加贴近学生需求的资料。这样可以激发学生的学习兴趣，鼓励他们积极探索和挖掘更多有用的学习材料。

通过目标设定与自我评估以及资源的自由选择，学生在英语融合式教学中能够更好地管理自己的学习，根据自身需求和进展进行调整和改进。这种自主学习的过程不仅培养了学生的学习能力和学习动力，还促进了他们在学习中的主动参与和积极思考。最终，学生将在更加自主和自信的状态下掌握英语知识和技能，并更好地应对未来学习与生活的挑战。

3. 自主学习时间

为了鼓励学生自主学习，教师可以在课堂时间表中留出专门的自主学习时间。这段时间可以用来让学生独立进行研究、解决问题，深化学习内容，或者展开自己感兴趣的学习项目。在这段时间里，学生可以选择他们喜欢的学习方式，如阅读、写作、练习口语、听力等。

不要忽视定期检查和反馈。教师可以在自主学习时间结束后，与学生进行一对一或小组的交流，了解学生在这段时间里的学习情况和进展。给予及时的反馈和鼓励，帮助学生更好地规划自己的学习，弥补不足，进一步提高学习效果。

4. 合作与讨论

学生之间的合作与讨论是促进自主学习的重要手段。通过小组讨论和合作，学生可以共同探索学习内容，分享不同的观点和见解，相互学习和借鉴。这种合作的学习方式不仅能够增进学生的理解，还能培养他们的团队合作能力和交流技巧。

教师可以为学生提供讨论和交流的平台，如在线论坛或小组活动。学生可以在这些平台上展开讨论，发表自己的观点，回复他人的观点，从中获得启发和反思。教师还可以参与到讨论中，指导学生进行深入思考，引导他们在讨论中学习。

通过合作与讨论，学生不仅能够在课堂中积极参与，而且可以在课后继续学习与探索。这种互动式的学习方式可以增强学生的学习动机和学习兴趣，帮助他们形成持续的自主学习习惯。

5. 培养学习技能和习惯

教授学生有效地使用学习工具和方法是帮助他们实现自主学习的重要步骤。教师可以教授学生记忆技巧、笔记方法、阅读理解策略等，帮助他们更高效地掌握学习内容。学生学会这些学习技能后，能够更好地处理学习中的信息和知识，提高学习效率。

教师还可以强调持续学习的重要性，并鼓励学生培养长期的学习习惯和技能。通过不断学习和实践，学生可以逐渐建立学习的自觉性和自律性，形成对学习的积极态度和热爱，从而实现持续进步和不断提高。

6. 及时反馈与支持

为学生提供定期的、具有针对性的反馈是帮助他们自主学习的关键。教师可以定期检查学生的学习成果，并及时给予反馈，指出学习中的优点和不足之处。这样的反馈能够帮助学生认识到自己的学习进展，了解自己在哪些方面需要进一步加强。

此外，教师还应该提供必要的支持，确保学生在自主学习过程中不会感到迷茫或挫败。这包括为学生提供额外的辅导和指导，推荐适合的学习资源，解答他们的问题，帮助他们解决学习难题。这样的支持可以让学生感受到他们在学习中得到了支持和关注，增加学习的信心和动力。

通过培养学习技能和习惯以及及时的反馈与支持，学生能够更好地在自主学习中发挥主动性和创造性。他们会学会更有效地利用学习工具和方法，逐步建立起学习的自觉性和自律性，从而在学习中取得更好的成绩和表现。这样的学习经验也会对他们未来的学习和生活产生积极的影响。通过以上策略，我们可以为学生创建一个支持性的、有利于自主学习的环境，从而让他们在融合式英语课堂上获得更好的学习体验和效果。

二、提高学生的学习动机与参与度

（一）利用多样化的教学方法激发兴趣

提高学生的学习动机与参与度是英语融合式教学的重要目标之一。利用多样化的教学方法可以激发学生的学习兴趣，增加他们对学习的投入，提高学习动机和积极性。以下是一些多样化的教学方法，可以帮助实现这一目标。

1. 游戏化学习

将学习内容融入游戏化的形式，设计有趣的教学游戏，让学生在轻松愉快的氛围中学习。例如，制作英语单词卡片游戏、语法飞行棋等，激发学生的学习兴趣和参与度。

2. 视听教学

利用视频、音频等多媒体资源，呈现丰富的学习内容。通过有声有色的教学方式，吸引学生的注意力，增强学习体验。可以播放有趣的英语电影或音乐，让学生通过欣赏学习语言和文化。

3. 项目学习

设计开放性的学习项目，让学生在实践中应用所学的知识和技能。学生可以自主选择项目主题，展开研究和实践，培养创造性思维和问题解决能力。

4. 小组合作

鼓励学生进行小组合作学习，共同完成任务和项目。小组合作可以促进学生之间的互动和交流，培养团队合作精神，增加学习的趣味性和成就感。

5. 实地教学

组织学生参观外语环境或实地体验，让学生在真实情境中运用所学的英语知识。例如，组织学生进行英语角交流活动，让他们与母语为英语的人士进行实际交流。

6. 演讲与表演

鼓励学生进行口头表达，进行演讲或表演活动。通过展示自己的表达能力，学生可以提高自信心，增强对英语学习的兴趣和热情。

通过多样化的教学方法，教师可以激发学生的兴趣，使学生在学习中更加主动参与。

学生可以从中获得更多的学习乐趣和成就感，提高学习动机和参与度，从而更好地掌握英语知识和技能。

（二）提供学生自主选择的机会

提供学生自主选择的机会是激发学生学习动机与参与度的另一个重要策略。学生在自主选择学习内容和学习方式的过程中，更容易找到自己感兴趣的领域，从而更加投入学习。以下是一些提供学生自主选择的机会的方式。

1.学习项目选择

允许学生在一定范围内自主选择学习项目或主题。例如，教师可以提供几个不同的学习项目选题，让学生根据自己的兴趣和热爱进行选择。

2.学习任务选择

对于某些学习任务，可以提供多个选项供学生选择。例如，针对某个语法或阅读练习，可以提供不同难度或内容的选项，让学生根据自己的水平选择适合自己的任务。

3.学习资源选择

提供多样化的学习资源，让学生根据自己的学习风格和需求进行选择。这可以包括不同教材、网上资源、视频、音频等。

4.学习方式选择

鼓励学生选择适合自己的学习方式。有些学生喜欢通过阅读来学习，而有些学生则更喜欢通过听力或口语来学习。教师可以允许学生根据自己的喜好选择学习方式。

5.学习进度自主安排

给予学生一定的学习时间安排自主权，让他们根据自己的学习进度安排学习计划。这样可以让学生更好地控制学习进程，适应自己的学习节奏。

通过提供学生自主选择的机会，学生可以在学习中体验到更多的自由和主动性。他们能够根据自己的兴趣和需求进行学习，找到学习的乐趣和动力。这样的学习方式有助于激发学生的学习兴趣，提高学习动机与参与度，使他们在学习中取得更好的学习效果。

三、学生在课堂中的角色定位与分工

（一）根据学生的特点与需求确定角色

在英语融合式教学中，为了确保每个学生能够充分地参与和投入，我们必须认真地考虑学生的特点和需求，并据此为他们分配角色。这种个性化的角色分配可以增强学生的归属感、自信心和参与度。以下是如何根据学生的特点和需求为其定位角色的策略。

1.学习风格评估

学习风格评估是一种帮助了解学生个体差异和学习特点的有效方法。通过学习风格问卷或评估工具，教师可以识别每个学生的优势学习风格，包括视觉型、听觉型、动觉型等。这些评估结果可以为教师提供宝贵的信息，帮助他们更好地为学生分配适合他们的角色和任务。

对于视觉型的学生，教师可以鼓励他们参与图形和演示类的活动。例如，可以让他们制作PPT演示、海报、图表等，用视觉方式展现学习内容。这样的任务可以更好地发挥他们对图像和视觉信息的敏感度。

对于听觉型的学生，教师可以安排他们进行口头报告或讲解。这样的任务可以让他们通过听觉方式来吸收和理解知识，并提高他们的口头表达能力。

对于动觉型的学生，教师可以设置一些实践性的学习任务，如角色扮演、实验、动手制作等。这样的任务可以让他们通过实践来加深对知识的理解和记忆。

除了学习风格，教师还可以考虑学生的兴趣、学习目标和能力水平，来为他们分配适合的角色和任务。通过个性化的角色定位和分工，学生能够在课堂中找到自己的定位，充分发挥自己的长处，提高学习动机与参与度。同时，这种个性化的教学方式也会激发学生的学习兴趣，增加他们对学习的投入和热情。

2. 技能和知识背景

了解学生的前期知识和技能是教师进行角色定位与分工的重要依据。通过课前调查、测试或以往的学习成绩，教师可以了解每个学生在某一领域的专长或兴趣。这样的了解可以帮助教师更好地将学生分配到适合他们的小组或项目中，确保每个小组都有不同的技能和知识组合。

例如，如果有学生在英语口语方面表现突出，教师可以将他们分配到一个口语表达的小组中，让他们担任发言或引导讨论的角色。对于在写作方面有优势的学生，可以将他们分配到一个写作项目中，负责起草和撰写相关内容。对于善于使用多媒体技术的学生，可以将他们组成一个制作视频或PPT演示的小组。

通过合理地分配学生的技能和知识背景，可以充分发挥每个学生的优势，让他们在小组合作中相互补充，共同完成学习任务。这样的分工可以提高小组的整体表现和效率，同时也增强了学生的合作意识和团队精神。学生能够感受到自己在小组中的重要性，从而更加积极参与学习活动，提高学习动机与参与度。

3. 兴趣和热情

通过调查问卷、个人沟通或课堂讨论，教师可以了解学生对哪些主题或活动特别感兴趣。这样的了解可以帮助教师更好地激发学生的学习动机与参与度。

教师可以鼓励学生根据自己的兴趣选择或提议某个课题或项目。例如，在项目式学习中，教师可以让学生自主选择感兴趣的主题进行研究和探索。在讨论活动中，教师可以鼓励学生提出自己感兴趣的话题，引导他们展开讨论和交流。

此外，教师还可以将学生的兴趣与课程内容进行结合，设计有趣的学习活动。例如，如果学生对音乐感兴趣，可以通过英语歌曲学习，让他们通过听歌、歌词理解和口语练习来学习英语。如果学生喜欢体育运动，可以设计与体育相关的英语角或角色扮演活动，让学生在学习中体验乐趣。

通过充分考虑学生的兴趣和热情，教师可以使学习内容更具吸引力和针对性。学生能够在参与学习活动时感受到自己的热情和主动性，从而更加积极参与，提高学习动机与参与度。他们会发现学习不再是枯燥乏味的任务，而是一种充满乐趣和成就感的体验。

4.社交和合作能力

观察学生在小组活动中的互动和合作模式，可以帮助教师了解他们在团队中的倾向角色。在小组合作中，学生可能会展现出不同的社交和合作能力，如领导者、执行者、创意者等。了解学生的社交和合作能力，可以更好地进行角色定位和分工，促进团队的协作效率和学习成果。

（1）领导者

观察哪些学生在小组中展现出领导才能，他们可能会主动组织活动，提出解决问题的方案，鼓励并帮助其他成员参与讨论和学习。

（2）执行者

有些学生可能更倾向于承担实际的执行工作，他们能够认真负责地完成分配的任务，并保证项目按时完成。

（3）创意者

观察哪些学生能够提供创新和独特的想法，他们可能会为小组提供新颖的观点和解决问题的方法。

（4）协调者

有些学生可能更善于协调和平衡团队内部的关系，他们能够促进成员之间的沟通和合作，解决冲突和分歧。

（5）记录者

在小组合作中，观察哪些学生善于记录会议讨论内容和项目进展，以便整理和回顾。

教师可以通过观察和交流，了解学生在小组活动中的表现和倾向角色，然后根据这些发现进行角色定位与分工。让每个学生能够发挥自己的优势和特长，相互协作，共同完成学习任务。这样的合作方式有助于提高学生的合作意识和团队精神，增强他们的社交能力，并培养他们在合作中取得成功的经验。同时，学生也能够从他人的优势中学习，拓展自己的技能和知识，共同实现学习目标。

总之，通过细致地考虑每个学生的特点和需求，我们可以为他们提供一个更加合适的、有助于他们发挥自身长处和潜力的学习环境。这不仅有助于提高学生的学习效果，还可以增强他们的学习动机和满足感。

（二）有效的团队合作与角色互补

在英语融合式教学中，团队合作不仅表现为学生之间的日常互动，它更是一种深层次的学习方法。这种方法要求学生发挥各自的长处，并在合作中形成角色的互补，从而确保高效、有深度的学习和协作体验。为了更好地实现团队合作和角色互补，以下是一些建议和方法。

首先，确立明确、共同的团队目标至关重要。在进行任务分配之前，所有团队成员都应清楚团队所要达到的目标。通过考虑学生的个人专长和兴趣来分配角色，如研究员、报告者、策划者等，可以确保每位学生在团队中都有独特且有价值的贡献。

其次，团队之间的沟通和协调是保障合作顺利进行的关键。定期组织团队会议，为学生提供一个平台，分享他们的进展、遇到的困难，并对工作进行协调。同时，培养学生的反馈技巧，教会他们如何有效地提供和接受团队内部的反馈，这样可以增进团队的和谐与效率。

最后，创设一个鼓励互助与互补的学习环境也很有必要。学生应被鼓励分享他们的知识和技能，这不仅可以帮助团队成员，还可以强化他们自己的知识。一个开放、安全的学习环境可以使学生更自信，更愿意进行尝试，不担心犯错。

当团队完成任务后，反思和评价是提高未来团队合作效率的关键。团队成员应一同评估任务的完成情况，讨论所遇到的问题，并根据这些反馈对团队合作策略和角色分配进行适时的调整。

教师在团队合作中的角色不仅仅是传授知识。他们更像是团队的引导者和协调者，需要细心观察学生之间的互动，及时提供支持和建议，确保团队合作流畅并达到预期效果。

考虑到英语融合式教学的特色，技术工具的引入显得尤为重要。在线协作平台、云文档等技术工具可以提高团队的协作效率。同时，为学生提供相关的培训，确保他们能够充分、熟练地利用这些工具也是教师的职责之一。

总之，有效的团队合作和角色互补对于英语融合式教学至关重要。只有当学生之间实现了真正的高效合作，才能更好地深化学习和促进各方面的发展。

四、强化学生在教学过程中的主体地位

（一）鼓励学生提问、分享与反馈

在英语融合式教学中，为了强化学生在教学过程中的主体地位，我们首先需要转变传统的教育观念，将学生从纯粹的知识接收者变为活跃的知识创造者和参与者。这需要我们鼓励学生在课堂上积极提问、分享自己的思考和经验，以及对教学内容和方法提供反馈。

提问是学习的开始，也是对知识深入探索的关键。当学生提出问题时，他们其实在向我们展示他们的好奇心和对知识的渴望。而对于教师来说，应当鼓励这种好奇心，并为学生提供一个安全、开放的环境，让他们不害怕提问或犯错误。这样的环境可以激发学生的积极性，使他们更愿意参与到教学过程中。

分享是知识传递的桥梁，也是团队合作的基石。当学生分享自己的思考和经验时，他们不仅仅是在展示自己，更是在与同学们建立联系，形成一个互助、互补的学习社群。通过分享，学生可以从他人那里获得新的视角和思考，也可以通过他人的反馈来修正自己的观点和认知。

反馈则是教学过程中不可或缺的一环。当学生对教学内容和方法提供反馈时，他们其实在参与到教学的改进和完善中。这种参与感可以进一步增强学生的主体地位，使他们感

到自己是教学过程中的一个重要部分，而不仅仅是被动的知识接受者。

总的来说，为了强化学生在教学过程中的主体地位，我们需要将他们从被动的角色中解放出来，鼓励他们积极参与到教学过程中，让他们感受到自己在知识传递和创造过程中的价值和意义。

（二）培训学生批判性思维与创新能力

批判性思维使学生能够独立、客观地评估信息，分辨事实与观点，从而做出明智的决策。而创新能力则鼓励学生突破传统的思维框架，探索新的方法和策略，为解决问题提供新的视角。

为了培训学生的批判性思维，我们可以引入多元化的教学材料，如新闻报道、学术文章、电影和书籍，让学生从不同的视角审视问题，鼓励他们提出疑问，发现信息的偏见和不足。此外，讨论和辩论是培养批判性思维的有效手段，通过有针对性的问题和观点的交换，学生可以加深对问题的了解，锻炼自己的逻辑推理能力。

对于创新能力的培训，教师可以鼓励学生尝试不同的解决问题的方法，如思维导图、角色扮演和模拟实验，激发他们的好奇心和探索欲望。此外，教师可以为学生提供一个自由、开放的学习环境，让他们不受束缚地发挥自己的想象力，尝试不同的创意和策略。

同时，为了确保学生真正掌握批判性思维和创新能力，教师需要定期对他们的表现进行评估，给予具体、有建设性的反馈，指导他们如何改进和完善自己的思考方法。

英语融合式教学不仅是教授语言知识，更重要的是培养学生的综合能力，使他们在未来的学习和工作中都能够出色地表现。

第五章　高校英语教育融合式课堂教学评价

第一节　教学评价的重要性与目的

在高校英语教育中，融合式课堂教学作为一种创新的教学模式，正逐渐受到广泛关注和应用。在这样的教学环境下，教师不再是传统的知识传授者，而是更多地充当学生学习的指导者和引领者。在这个充满活力和互动性的教学模式中，教学评价显得尤为重要。教学评价作为一种有效的教学反馈机制，不仅可以了解学生的学习情况和水平，还可以帮助教师确认教学效果与质量，指导教学过程和策略，以及促进教师的专业发展与教学改进。

一、教学评价的定义

（一）教学评价的含义

教学评价是一个涉及教育的广泛领域，其核心是对教育过程、成果、教师、学生、教材以及教育环境的全面评估和反馈。这种评价不只关注学生的学习成果，而是深入整个教学过程的各个环节，包括但不限于教师的教学方法、教材的匹配度以及教学资源的利用情况。

教学评价的目的在于改进和优化教育与学习的过程，确保各种教育目标得以精确实现。它可以帮助我们确认学生是否真正达到了预设的学习目标，从而确保他们获得了所需的知识和技能。同时，这也是一个为教师、学校、学生以及其他相关利益方提供有关教学效果的反馈的途径。这种反馈是至关重要的，因为它可以指导教育者进行必要的教学调整和策略优化，以最终达到提高学生的学习效果。

此外，有效的教学评价还可以激发教师的教学创新热情，促使他们反思现有的教学方法，寻找并尝试更加高效的教育策略。不仅是学生，教师、教材、课程设计以及整体的教育环境也都是评价的对象，这样可以确保教学评价既全面又深入。

（二）教学评价的种类

评价的种类多种多样，不同的评价方法针对不同的目的和情境。下面列举了几种常见的评价种类。

1.形成性评价

形成性评价发生在整个教学过程中，它是一个动态、持续的过程，致力于及时收集教学与学习的反馈。其核心目的是实时了解学生的学习状况，并据此做出必要的调整，以确保教学活动更加符合学生的需求和学习进度。这样的评价方式鼓励教师与学生之间的互动，强调实时的、反馈驱动的教学改进。

2.终结性评价

终结性评价在一个教学周期或特定学习模块结束时进行。其主要目的是确定学生在特定时间内的学习成果，以及他们是否达到了既定的学习目标。这通常通过期末考试、研究项目或其他综合性评估手段来完成。这种评价为教育者、学生和其他利益相关者提供了一个关于学习效果和成果的清晰、整体的画面。

3.诊断性评价

诊断性评价的焦点是在学期或课程开始之前确定学生的学前知识和技能。这有助于教师为学生提供个性化的支持和资源，确保教学内容与学生的实际水平和需求相匹配。它为教师提供了一个机会，以更加有针对性地制定教学策略和方法。

4.同伴互评与自我评价

这两种评价方法强调学生的主体性和参与性。同伴互评允许学生为彼此的工作提供反馈，而自我评价则鼓励学生反思自己的学习进度和效果。这些评价方式不仅可以帮助学生深入理解学习内容，还可以培养他们的自我管理、批判性思维和沟通技能。这些评价方法将评估的责任和机会转移到学生身上，鼓励他们更加主动地参与到学习过程中。

这些评价方法各有侧重，但都旨在确保教学活动的质量，并为学生提供最佳的学习体验。

（三）评价的内容

教学评价是对学生学习过程和结果的全面评估，其内容不仅限于对学生知识掌握的测试，还涉及他们的技能、态度、价值观以及其他非认知能力的评估。

1.知识理解

知识理解是最传统和最直观的评价维度。它关注学生是否理解了特定的概念、理论和事实。例如，历史测试可能会询问具体的日期和事件，而科学考试可能会测试学生对某一理论或现象的理解。

2.技能掌握

技能不仅仅是知识，它们是学生在实践中使用知识的能力。例如，在语言学习中，口语、听力、阅读和写作都是需要单独评估的技能。

3.态度和价值观

学习不仅仅是知识和技能的累积。它还涉及学生的态度、价值观和信仰。这涵盖了如何对待他人、对待学习的态度、对待社会责任的看法等。例如，在公民教育中，学生的社会责任感、对公平和正义的看法都是评价的关键部分。

4.团队合作

在现代社会，团队合作越来越被看作成功的关键。评估团队合作能力涉及学生如何与他人合作、如何解决团队冲突、如何共同完成任务等。这也包括了沟通能力、领导能力以及与不同背景的人合作的能力。

5.问题解决能力

在真实世界中，我们面对的很多问题都是复杂的，没有明确的答案。评估学生的问题解决能力涉及他们如何识别问题、如何找到并评估不同的解决方案以及如何执行他们选择的策略。

评价内容的多维性要求教育者超越传统的考试和测验，采用更为全面和深入的方法来评估学生的学习成果。这可能包括项目、组队任务、口头报告、反思日志等。通过多维度的评价，我们不仅可以更全面地了解学生的学习情况，还可以为他们提供更为丰富和有意义的学习体验。

二、英语融合式课堂教学中的教学评价

（一）对学生学习效果的评估

在英语融合式课堂中，传统的评价模式已经不能完全满足教学需求。这种新型的教学模式追求的不仅是学生的知识储备，更重要的是他们的语言实践能力。

1.实际情境的沟通能力

在融合式课堂中，学生经常通过模拟真实的情境来学习英语，如商务会议、旅行预订或社交场合的对话。评价在这里不仅关注学生是否正确使用语法和词汇，而是看他们是否能够在给定的情境中流利、恰当地交流。

2.听、说、读、写技能的均衡发展

传统的教学模式可能会偏重于某一技能的培养，如阅读或写作。但在融合式课堂，四种技能得到了平衡的重视。评价不仅要检查学生是否能够理解复杂的英文文章，还要确保他们能够听懂英语口语、流利地表达自己的观点，以及写出结构清晰的英文段落。

3.跨文化交际能力

随着全球化的加速，跨文化交际能力变得越来越重要。融合式课堂经常引入不同文化背景的材料，让学生在学习语言的同时了解不同的文化习俗和价值观。评价在这里要确保学生不仅能够用英语交流，还要能够在与来自不同文化背景的人交往时，展现出尊重和理解。

4.实际应用能力

评价的目的是确保学生将所学应用到实际生活中。这意味着学生不仅要在课堂上完成任务，还要在课堂外进行实践。例如，他们可能需要进行街头访谈，或者为真实的业务项目撰写报告。这种评价方法不仅检验了学生的英语水平，还增强了他们的实践经验。

英语融合式课堂的评价更注重实践和应用，强调学生的综合能力和实际情境中的沟通技巧，而不仅仅是书面测试的成绩。这种评价方法更能反映学生的真实英语水平，也更加贴近现实生活的需求。

（二）对教育者的指导

英语融合式课堂的教学模式是一种灵活且多样化的方式，它融合了传统教室的互动性和在线学习平台的自主性。在这种复杂的教学环境中，教学评价不仅仅是衡量学生的学习成果，更是为教育者提供方向，帮助他们调整和完善教学策略。

1.识别有效的教学工具和策略

由于每个学生的学习方式和进度都是独特的，一种教学工具或策略可能对某些学生特别有效，但对其他学生则效果不佳。通过系统的教学评价，教育者可以了解哪些工具和策略在融合式课堂中最为出色，以及在哪些情境下使用它们最为恰当。

2.提高教育者的自我反思能力

定期的评价反馈可以让教育者清晰地看到自己的教学中的优势和弱点。例如，他们可能会发现在某些模块的教学中，学生的参与度和理解度特别高，而在其他部分则相对较低。这种发现促使教育者进行深入的自我反思，进一步改进教学方法。

3.提供个性化教学的指导

在英语融合式课堂中，个性化教学是非常重要的。教学评价为教育者提供了明确的指导，帮助他们识别每位学生的需求、兴趣和潜能，从而为他们提供更为精准的教学支持。

4.促进教学策略的创新

教学评价不仅是对现有方法的反馈，它还可以激发教育者对新的教学策略进行尝试和实验。例如，教育者可能会根据评价结果，决定引入新的互动工具、更改教学节奏，或调整课程内容。

5.增强与学生的互动和沟通

通过评价，教育者可以更好地了解学生的需求、困惑和期望。这为他们提供了与学生进行更为深入和有针对性的交流的机会，从而提高教学质量。

英语融合式课堂的教学评价不仅是一种衡量工具，更是一个为教育者提供方向和支持的平台。正确使用这种评价可以使教育者的教学更加精准、高效和有针对性。

（三）对课程内容和结构的调整

融合式课堂模式赋予英语教育更为多元、个性化和灵活的特性。这种模式为教育者提供了更大的空间来重新思考和设计课程内容。而教学评价则为此过程提供了方向和依据。

1.动态调整课程结构

融合式课堂强调对学生个体差异的响应。通过实时的教学评价，教育者可以了解学生的学习状态和进度，从而及时调整教学策略。例如，某些学生可能更快地掌握了阅读技巧，但在口语上需要更多实践，基于评价反馈，课程可以灵活地增加口语实践环节。

2.甄别多样化的教学材料

融合式课堂为学生提供了丰富的学习资源。教学评价可以指出哪些材料更受学生欢迎，哪些材料能够帮助学生更好地理解和掌握知识。

3.针对性的教学支持

教学评价的结果明确指出了学生的学习难点。基于这些反馈，教育者可以为学生提供更具针对性的教学支持，如提供额外的学习材料、辅导或额外的练习。

4.鼓励学生参与课程设计

学生的反馈是教学评价的一个重要组成部分。通过让学生参与课程设计，教育者可以确保课程内容更贴近学生的需求和兴趣。

5.与时俱进的内容更新

教学评价不仅是对学生学习效果的反馈，它还可以为教育者提供关于当前英语教学趋势和需求的信息，从而帮助他们更新和优化课程内容。

（四）鼓励学生的主动学习和自我调整

英语融合式课堂强调自主学习和学生个体差异的尊重。在这样的教育环境中，教学评价起到了至关重要的作用。评价不仅反映了学生的学习成果，更重要的是，它鼓励学生进行自我反思，调整学习策略，进而实现更优的学习效果。

1.反馈促进自我认知

针对学生的每一个学习活动进行评价，可以帮助学生明确自己在学习过程中的优势与不足。例如，通过在线平台的即时反馈，学生可以迅速了解自己在口语或听力中的薄弱环节，从而有针对性地加强练习。

2.自我调整策略

当学生明确了自己的薄弱点后，他们更可能主动寻找资源和方法来改善。例如，一个在阅读理解上有困难的学生，可能会选择多做阅读题，或寻找教师进行辅导。这种主动性是由评价的反馈机制所激发的。

3.鼓励自主学习

融合式课堂特别鼓励学生自行探索和学习。教学评价，特别是形成性评价，可以为学生提供方向，让他们明确自己的学习目标。此外，评价还可以通过各种奖励机制，如积分、徽章等，激励学生积极参与学习活动。

4.促进学生之间的互动和合作

评价可以帮助学生明确自己与同伴之间的学习差异。在合作学习中，学生可以根据自己的优势，选择扮演不同的角色。例如，词汇好的学生可以负责词汇的解释，而口语流利的学生则可以负责口语表达。

三、在融合式课堂中应用教学评价的挑战和对策

（一）如何更高效地收集和利用数据进行评价

融合式课堂，涵盖了线上和线下的教学方式，为教育者提供了丰富的数据来源。然而，这种多样性同时也带来了数据收集和分析的挑战。

首先，融合式课堂的多样性意味着数据来源极为丰富。每种学习方式都可能产生与之相对应的数据，这些数据可能格式各异，包括但不限于线上测验的成绩、实际情境中的表现、小组项目的贡献等。这种多元化的数据源为教育者提供了一个更为全面的视角，帮助他们更好地了解学生的学习情况。然而，这也为数据的整合和分析带来了复杂性。

其次，数据的时效性成了一个需要重点关注的问题。在线和离线的学习活动往往在不同的时间进行。学生可能在晚上或周末在线学习，而传统的教室教学则在固定的时间进行。这种时间上的不同意味着教育者需要确保数据能够及时地被收集、分析并反馈给学生。延迟的反馈可能会导致学生错过调整学习策略的最佳时机。

再次，融合式课堂中的数据质量和准确性也是教育者需要关注的重要方面。在这种教学模式下，自主学习和团队学习经常并存。尽管团队学习可以促进学生之间的合作和交流，但也可能导致某些学生的贡献被忽视或放大，从而影响数据的准确性。此外，自主学习可能会导致学生对自己的学习进度产生偏见，这种偏见在没有及时反馈的情况下可能会放大。

最后，尽管现在有许多先进的技术和工具可用于数据收集和分析，但它们也有自己的局限性。例如，某些工具可能不适用于所有的教学情境，或者需要教育者具备特定的技能来操作。因此，选择和使用这些工具需要教育者充分考虑其适用性和效果。

面对以上挑战，在收集和利用数据进行评价时，可以从以下几个方面入手。

1.统一的数据管理平台

建议使用或开发一个统一的数据管理平台，该平台能够整合各种来源的数据，并将其转化为统一的格式，便于分析。

2.实时数据同步

为了确保数据的时效性，可以考虑使用支持实时同步的工具和技术，使得无论在哪个环境下收集的数据，都能够及时上传和分析。

3.数据验证与清洗

为了确保数据的质量，应当定期进行数据验证和清洗。这可以通过自动化的数据处理工具或手动检查来完成。

4.培训和专业发展

鉴于技术和工具的局限性，教育者和相关工作人员需要定期进行培训和专业发展，以确保他们能够熟练地使用相关工具，有效地收集和分析数据。

5.反馈循环

建立一个反馈循环，确保数据收集和分析的结果能够及时反馈给教育者和学生，从而为课程的调整和优化提供依据。

总之，尽管在融合式课堂中应用教学评价存在挑战，但通过合理的策略和工具，我们仍然可以有效地收集和利用数据，为教育提供强有力的支持。

（二）如何利用技术工具进行教学评价

随着技术的发展，教育者现在可以访问和使用各种技术工具和资源，这些工具和资源旨在提供更为精准和多样化的评价方法。然而，如何有效地利用这些工具进行评价是一个值得深入探讨的问题。

首先，在实际教学中，技术门槛经常被视为一个重大的障碍。对于那些并不熟悉新技术的教师来说，尝试学习和掌握新的教学评价工具可能是一个艰巨的任务。这可能导致他们犹豫不决，或者完全回避使用这些工具，从而错过了这些工具所能提供的优势。

其次，在进行线上教学评价时，数据保护和隐私也是一个不容忽视的问题。学生的数据，包括他们的学习进度、评价结果和个人信息，都需要得到充分的保护。这要求教育者在选择和使用评价工具时必须非常谨慎，确保所选工具能够提供足够的安全措施来保护学生的隐私。

再次，虽然市场上众多的教学评价工具为教育者提供了广泛的选择，但这也可能使选择过程变得令人困惑。每个工具都有其独特的特点和功能，教育者需要花费时间研究和对比，以确保所选工具能够满足他们的教学评价需求。

最后，尽管技术带来了许多便利，但过度依赖它可能会产生意想不到的后果。过度的技术使用可能导致教育者失去对教学过程的直观控制和感知，从而影响他们的决策能力。

面对融合式课堂中利用技术工具进行教学评价的各种挑战，教育者可以采纳以下的对策来应对。

1.提供技术培训和支持

学校和教育机构应提供针对性的技术培训，帮助教育者熟悉并掌握新的评价工具。同时，设置专门的技术支持团队，随时为教育者解答疑问和解决技术问题。

2.确保数据安全和隐私保护

选择那些对隐私和数据安全性有严格要求的教学评价工具。确保教育机构的网络和系统具有足够的安全防护，如防火墙、加密技术等，来预防数据泄露和其他安全问题。

3.进行综合性的工具评估

在选择教学评价工具时，不仅要考虑其功能和特点，还要对其进行实地试用，确保它真正适合自己的教学需求。可以参考其他教育者的评价和建议，以便做出明智的选择。

4.平衡信息技术与传统教学方法

尽管信息技术在教学评价中发挥着越来越重要的作用，但教育者也不能完全依赖它。他们应结合传统的教学评价方法，如笔试、口头评价等，来提供更全面、更准确的学生表现反馈。

5.鼓励学生参与评价过程

与学生进行沟通，了解他们对于不同评价工具的使用体验和建议。学生的反馈可以为教育者提供宝贵的信息，帮助他们更好地调整评价策略。

6.持续更新和优化

技术和教学方法都是不断发展的。教育者需要定期评估自己使用的评价工具和策略，根据最新的教育趋势和技术发展进行调整。

7.建立多元化评价体系

充分利用技术的优势，结合多种数据源，构建一个多元化的评价体系，确保教学评价的全面性和准确性。

总之，利用信息技术进行教学评价可以大大提高评价的效率和准确性，但同时也需要教育者具备必要的技术知识和能力。通过持续的学习和实践，教育者可以更好地利用这些工具，为学生提供更为高质量的教育。

（三）如何确保评价覆盖了融合式课堂中的各个方面

在融合式课堂中，线上线下的教学方式相结合，使学习体验变得更为丰富和多元化。然而，这种新颖的教学模式同时也对教学评价提出了更高的要求。

首先，传统的评价方式，如笔试和口试，虽在传统教学环境中得到了广泛应用，但可能无法全面评价学生在融合式课堂中的所有学习成果。融合式课堂的学习活动不仅包括传统的阅读和写作，还包括在线互动、团队合作以及实践应用等，这就需要评价方式具有更大的灵活性和广泛性，以确保能全面反映学生在各个方面的学习成果。

其次，制定出公平、客观且适用于多种学习方式的评价标准也是一项挑战。在不同的学习环境和活动中，学生展现出来的技能和知识可能存在显著差异，这就需要评价标准能够合理地体现这些差异。评价标准需要准确地反映学生的学习成果，同时也要在所有学生之间保持公平。

再次，实施多样化的评价方式可能会面临时间和资源的限制。相较于传统的评价方式，多样化的评价方式往往需要投入更多的时间来设计、实施和分析。此外，为了收集和处理多种形式的评价数据，可能需要大量的人力和物力资源。

最后，从多种评价方式中收集到数据后，如何有效地整合这些数据，得出全面的学习成果也是需要考虑的问题。不同的评价方式可能会产生不同类型和格式的数据，这就需要找到一种方法能够有效地将这些数据融合在一起，形成一个全面的评价结果，以全面地了解和评价学生在融合式课堂中的学习成果。

综上所述，要确保教学评价覆盖融合式课堂中的方方面面，以下是一些建议的解决对策。

1.采纳综合评价方法

摒弃单一评价方式，实施综合评价。例如，除了笔试和口试，还可以采用项目评估、实际应用评估、同行评价以及自我评价等方式。这些评价方式能够覆盖学生在不同环境下的学习成果，从而全面地了解学生的学习情况。

2.建立明确的评价标准

针对融合式课堂的特点，制定出公平、客观且适用于多种学习方式的评价标准。这需要深入研究学生在融合式课堂中的学习行为，以确保评价标准与实际学习情况相匹配。

3.利用技术助力数据整合

可以考虑使用学习管理系统（LMS）或其他教育技术工具来自动收集、分析和整合数据。这样不仅可以减少人工操作，提高效率，还能确保数据的准确性和完整性。

4.专门的培训

为教师提供有关多样化评价方法的专门培训。培训内容可以包括如何设计和实施多样化评价，如何制定评价标准，以及如何使用技术工具来进行数据收集和分析等。

5.持续的反馈和修正

评价不应该是一个一次性的活动，而应该是一个持续的过程。教育者应该定期反思评价方法的有效性，并根据反馈对评价方法进行调整。这样可以确保评价方法始终与学生的实际学习情况相匹配。

6.鼓励学生参与评价

学生是教学评价的重要参与者。可以鼓励学生提供对评价方法和评价标准的反馈，这样可以确保评价更加公正和客观。

7.创建评价社群

鼓励教育者、学生、家长以及其他利益相关者共同参与到评价过程中，形成一个评价社群。这样可以从多个角度对评价方法进行反思和完善，确保评价的全面性和公正性。

总之，融合式课堂的教学评价虽然面临许多挑战，但通过采纳合适的策略，还是可以有效地解决这些问题，确保评价的准确性和公正性。

第二节　融合式课堂教学中的评价策略与工具

在融合式课堂教学中，新兴的技术工具为评价提供了更为广阔的可能性，但如何将这些工具与评价策略有效结合，以及如何确保这些工具的合理使用，都是目前亟待解决的问题，本节就对这些问题展开研究。

一、现代教学评价策略的演变

（一）从传统教学评价到现代评价策略的过渡

传统教学评价正在经历从单一、结果导向到多维度、过程导向的过渡。这种转变不仅仅是教育方法论上的，更是受到全球化和技术发展趋势的驱动，尤其是在英语教学领域。

在过去的英语教学中，传统评价策略的主要焦点是学生是否掌握了某个特定的语法结构，是否能够正确使用某个词汇，或者是否能够达到某个标准化测试的标准。这样的评价策略通常是线性的，即学生首先学习，然后接受测试，最后获得分数。这种评价方式的主要目的是判定学生是否达到了预定的学习标准，而对于学生的个性化需求、不同的学习风格和背景通常不予考虑。

然而，随着英语在全球的地位日益上升，英语学习不再只是为了应对考试或满足学校的要求，更多的是为了在真实场景中与人交流，理解多元文化，并在多种职业和社交环境中流利运用。因此，现代评价策略应该更加注重学生的实际交际能力，而不仅仅是传统的语言技能。

为了满足这一需求，英语教育者开始转向更加真实和实际的评价方式。例如，模拟商务会议、国际交流或公开演讲，这些场景需要学生不仅仅有良好的英语技能，还要有跨文化沟通、团队合作和批判性思维的能力。此外，随着科技的进步，数字化工具如在线讨论板、视频会议和虚拟现实技术也被广泛应用于英语教学评价中，为学生提供了更多与真实世界接轨的学习和评价机会。

这种评价策略的转变，不仅仅体现了教育方法论上的进步，更是反映了全球化和技术进步对英语教学评价的深远影响。现代评价策略提供了更加完善、全面和实用的评价视角，帮助学生更好地准备迎接未来的挑战和机会。

（二）多元化、个性化评价的崛起

多元化和个性化评价在英语教学领域的崛起，源于教育者对传统评价方法的局限性的深入认识。在全球化的背景下，英语已不仅仅是一个纯粹的语言工具，更是沟通、交流和理解不同文化背景下的桥梁。因此，多维度和针对个体的评价方法显得尤为重要。

1.多元化评价

（1）写作作品集

通过长期收集学生的各种写作作品，如日记、报告、故事等，教育者可以更全面地评估学生的写作技巧、思维方式和进步轨迹。例如，一个学生在写作中可能在描述文化差异时展现了深入的观察和思考能力。

（2）在线互动讨论

在线平台可以为学生提供了一个跨文化、异地交流的机会。通过监测和评估学生在这些讨论中的参与度、言论内容和互动品质，教育者可以评价学生的沟通能力、适应性和跨文化理解。

（3）跨文化项目

通过与不同文化背景的人合作完成项目，学生不仅可以锻炼语言技能，还可以增强团队合作和跨文化沟通的能力。此类项目的评价通常包括项目完成度、团队合作效果和解决问题的创新性。

2.个性化评价

英语非母语的学生往往面临着独特的学习障碍。他们的文化背景、学习经验和认知结构可能与目标语言存在差异，因此，单一的评价标准可能不足以准确地评估他们的能力。

（1）学习路径识别

通过分析学生的学习习惯、错误模式和反馈需求，教育者可以为学生制定更合适的学习路径。

（2）技能定位

有些学生可能在口语上表现出色，但在写作上有所欠缺，反之亦然。个性化评价可以精确定位学生的长处和短处，为其提供有针对性的资源和指导。

（3）情感和动机分析

对于学习英语的动机和情感因素进行评估也非常关键。有的学生可能因为对英语文化的热爱而学得更快，而有的可能因为过去的失败经验而产生挫败感。个性化评价能够识别这些因素，为学生提供更有针对性的支持。

这两种评价方式的崛起，都代表了教育领域对学生个体差异和多元文化的深入认识，体现了对学生全面、深入、个体化的教学关怀。

（三）与融合式课堂教学的关联

融合式课堂教学，作为一种线上与线下教学相结合的模式，为英语教学带来了前所未有的变革。而这种变革，也要求教学评价策略进行相应的调整和完善。

1.多元化的评价途径

融合式课堂教学中，学生会经历多种学习体验，从在线自主学习到实体课堂的互动讨论。这意味着评价方式不能仅限于传统的笔试或口试。例如，在线学习阶段，教育者可以利用学生在论坛上的讨论内容、在线作业或模拟对话来评价其阅读和写作能力；在实体课堂上，可以通过学生的小组合作项目、报告或口头演讲来评价其口语和听力能力。

2.技术的辅助

随着教育技术的发展，许多先进的评价工具和平台被引入融合式课堂中。例如，教育者可以使用语音识别技术来评价学生的发音和语调；利用人工智能分析工具，对学生在线讨论的质量进行评估；或是使用电子档案袋来跟踪和展示学生的学习进展和成果。

3.跨文化交流的评价

融合式课堂为学生提供了与其他国家和文化背景的学生进行交流的机会。这为英语教育增添了跨文化交流的评价维度。学生不仅要展示其语言能力，还要展现其对其他文化的理解和尊重。这种评价可以通过观察学生在跨文化项目中的合作方式、沟通策略和问题解决能力来进行。

4.反馈的及时性和持续性

在融合式课堂中，由于学习的持续性和多样性，教育者需要提供更及时和持续的反馈。这不仅有助于学生及时纠正错误，还能鼓励其持续投入学习。例如，学生在完成在线任务后，可以立即得到系统的自动反馈；在实体课堂上，教师可以根据学生的表现提供即时的指导和建议。

总的来说，融合式课堂为英语教学带来了更为丰富和多样化的学习经验，这要求教学评价策略同样要具备广泛性、灵活性和时效性，以适应这种新的教学模式。

二、多维度评价策略的设计与应用

在英语融合课堂教学中，为了确保评价的全面性和准确性，评价策略需要从多个维度进行设计和应用。以下为各维度的详细阐述。

（一）知识与能力评价

1. 语言知识

这是英语教学评价中最基本的部分。它涉及对学生在语法、词汇、句型结构等方面知识的掌握情况进行评估。例如，设计语法填空题，检查学生对时态或语态的掌握；或通过词汇匹配题，评估学生的词汇量。

2. 语言能力

知识并不等于能力。语言能力评价关注学生如何运用其所学的语言知识进行实际交流。这涉及听、说、读、写四项基本技能的评价。例如，在线上，可以使用听力理解测试，或要求学生提交书面作文；而在线下实体课堂上，可以通过角色扮演或小组讨论的方式评价学生的口语能力。

3. 批判性思维与解决问题的能力

在融合式课堂的英语教学中，学生常常需要对所学的知识进行批判性的思考，并运用英语来解决实际问题。例如，让学生分析一个英文文章中的观点，并给出自己的意见；或设计情境模拟题，让学生用英语找出问题的解决方案。

4. 跨文化交流能力

在融合式课堂中，学生有机会与不同文化背景的学生进行交流。评价可以关注学生如何适应跨文化环境，如何理解和尊重其他文化，并有效地用英语进行沟通。

（二）学习过程评价

1. 学习策略与习惯

在融合式课堂中，学生需要更加独立地管理自己的学习进度。评价可以关注学生如何制订学习计划，选择合适的学习资源，以及如何调整学习策略以适应不同的学习环境。

2. 在线互动与参与

线上学习的一个重要部分是与教师和其他学生的互动。可以通过监测学生在在线论坛的发言频率、内容质量或与同伴的互动情况来评价其在线学习的参与度。

3. 自我调整与反思

对于学生的学习进度和成果，他们自己是最直接的观察者。教育者可以要求学生进行自我评价，或编写学习日志，以便他们反思自己的学习过程，发现并改正错误。

（三）学习成果评价

1.短期成果评价

在学习单元或课程的结束阶段，如期中或期末考试。其目的是评估学生对于特定内容或某一阶段学习内容的掌握情况。

2.长期成果评价

长期成果评价涉及对学生在整个学期或学年中的学习成果进行评估。通常包括项目、报告或口头演讲，要求学生综合运用所学的知识和技能。

另外，四、六级考试也是衡量大学英语学习效果的关键指标。通过四、六级考试可以全面评估学生的听、说、读、写四项基本技能，以及其对英语文章的理解能力和英语写作能力。

当然，学习成果评价涵盖了学生在学习过程中所获得的各种技能和知识的表现。除了传统的考试和测试，还有其他多种方式可以用来评价学生的学习成果。

3.课堂表现评价

（1）参与度

学生在课堂讨论和活动中的参与频率和质量。

（2）互动与合作

学生与其他学生和教师的互动情况，例如，团队合作项目中的角色和贡献。

（3）问题解决与批判性思维

学生在面对问题时如何应用所学知识和技能来解决问题。

（4）口头表达能力

学生在课堂讨论或演讲中的英语口语表达能力。

4.线上学习表现评价

（1）在线讨论

学生在在线论坛或讨论组中的参与度、讨论质量和与其他学生的互动情况。

（2）数字工具的应用

评价学生如何利用数字工具和平台进行学习，如在线词典、学习管理系统或其他学习应用程序。

（3）在线测试与作业

通过在线平台提交的作业和测试的完成情况和质量。

5.实际应用评价

（1）项目与任务

评价学生完成的与实际生活或职业相关的项目和任务，如商务报告写作、旅行计划制订或新闻报道。

（2）真实场景的模拟

例如，商务谈判、接待外国客人或旅游向导等真实场景的英语模拟活动。

三、合适的评价工具的选择与运用

（一）试卷和开放性问题

在英语融合课堂教学中，传统的评价方式仍然占有一席之地，但它们已被重新设计以适应这种创新的教学方法。笔试试卷和开放性问题是这其中的一部分。

1.试卷的应用与改进

传统的试卷通常侧重于单一的语言技能，如阅读或写作。但在融合式课堂中，可以设计跨技能的试题。例如，先听一段音频，然后回答关于这段音频的阅读问题。

试卷中的问题可以基于真实的生活或工作场景，如商务邮件、旅行预订或社交场合的对话，这有助于学生将所学应用到实际生活中。

融合式课堂强调技术的应用，因此试卷可以包括与在线资源或多媒体内容相关的问题。

2.开放性问题的价值

第一，开放性问题要求学生深入思考，而不仅仅是回忆知识。例如，要求学生解释或比较两种文化的习俗，或分析一个英语文章中的观点。

第二，开放性问题鼓励批判性思维，通过开放性问题，教师可以了解学生如何分析、评价和创造信息，而不仅仅是回忆它。

第三，开放性问题允许学生从自己的视角和经验出发回答，从而反映其个性化的学习过程和成果。

第四，开放性问题可以和技术的结合，学生可以使用在线资源来回答开放性问题。例如，引用在线文章或数据来支持自己的观点。

总之，试卷和开放性问题在英语融合课堂教学中仍然是重要的评价工具，但其设计和应用方式已经与传统方法有所不同，更加强调学生的综合能力、深入思考和技术应用。

（二）学生作品和项目展示

在英语融合课堂教学中，学生作品和项目展示作为评价工具的价值日益凸显。它们不仅体现了学生的英语知识和技能，还显示了学生的创意、批判性思维和团队合作能力。

1.学生作品的重要性

首先，学生的作品，如写作、音频记录或视频制作，为教师提供了直观的证据，证明学生已经掌握了某些知识和技能。其次，学生作品是他们多技能的综合应用。例如，一个英语广播项目可能需要学生运用他们的写作、发音、听力和编辑技能。最后，学生作品是长期进展的反映。通过定期提交作品，学生和教师都可以观察到学生的长期进展和发展趋势。

2.项目展示的特点

通过项目展示，学生可以在实际情境中使用英语，如模拟商务演讲、文化研究展示或小说改编的戏剧表演。很多项目要求学生以团队的形式合作，项目展示鼓励了团队合作和沟通技巧的发展。尤其在融合式课堂教学中，项目展示需要学生使用各种工具和平台完成他们的项目，如制作PPT、使用编辑软件或在线分享工具。

3. 评价的深度和广度

（1）多维度评价

除了语言技能外，教师还可以评估学生的研究能力、问题解决技能、创意和团队合作态度。

（2）自我反思与评价

学生可以在项目完成后进行自我反思，分享他们在项目中遇到的挑战、学到的知识和需要改进的地方。

学生作品和项目展示在英语融合课堂中提供了一个平台，让学生展示他们的知识、技能和批判性思维。这种评价方式更加全面，能够真实反映学生在真实情景中的英语应用能力。

（三）课堂观察与记录

在英语融合课堂教学环境中，课堂观察与记录成为一种重要的评价方法。这种方法捕捉了学生在互动、参与和实践中的实时反应和表现，为教师提供了关于学生学习过程更加深入了解。

1. 课堂观察的特点

教师可以即时观察学生的反应，判断哪些教学方法或内容有效，哪些需要调整。通过观察学生的互动和参与，教师可以更好地理解学生的需要、兴趣和挑战。观察还可以帮助教师捕捉到学生的非言语反应，如身体语言、面部表情和姿势，这些都可能反映学生的情感和态度。

2. 记录的重要性

系统的记录不仅可以帮助教师回顾和分析学生的表现，还可以作为与学生、家长或其他教育工作者讨论学生进展的依据。教师可以基于这些记录进行自我反思，思考如何改进教学策略或方法。通过对比不同时间点的记录，可以明确看到学生的进步和需要加强的地方。

3. 在英语融合式课堂中的应用

（1）技术的融合

使用录像或录音工具，可以帮助教师更准确地回顾和分析学生的表现，尤其是在口语和听力练习中。

（2）多元化的观察点

在融合式课堂中，除了传统的面对面互动，还有在线互动和协作，这为教师提供了更多的观察和评估角度。

（3）与其他评价方法的结合

课堂观察与记录可以与其他评价工具结合使用，如学生自我评价、同伴评价和学生作品评价，以获得更全面的评价结果。

总的来说，课堂观察与记录在英语融合课堂中为教师提供了一个宝贵的工具，可以帮助他们更深入、更全面地了解学生的学习过程和成果。

（四）自我评价与同伴评价

在英语融合课堂教学中，自我评价和同伴评价都扮演着关键的角色，这两种评价方法鼓励学生深入反思自己的学习过程，同时也促进了同学之间的协作与交流。

1. 自我评价的特点与价值

自我评价鼓励学生反思自己的学习目标、进程和成果，帮助他们意识到自己的长处和待改进的地方。通过自己为自己的学习打分和评价，学生更容易对学习产生主人翁意识，提高学习动机。在融合式课堂的线上环节，学生可以通过填写在线自我评价表格或在学习管理系统中提交自我评价报告来进行自我评价。

2. 同伴评价的特点与价值

通过评估同伴的工作，学生可以培养自己的分析和批判性思维能力。同伴评价鼓励学生之间的交流与合作，有助于建立更加和谐的学习环境。最重要的是，同伴往往能提供不同于教师的真实且具有参考价值的反馈，这有助于学生更全面地了解自己的表现。

3. 在英语融合课堂中的应用

（1）多样化的评价活动

例如，学生可以在完成一个英语小组项目后，互相评价组内成员的表现；或在一个线上的英语讨论论坛中，评价同伴的发言和观点。

（2）技术工具的支持

使用在线评价工具，如学习管理系统中的同伴评价功能，可以帮助组织和管理学生的评价活动。

（3）培训与指导

为确保自我评价与同伴评价的有效性，教师应为学生提供相应的培训和指导。例如，如何公正、客观地评价，如何给出建设性的反馈等。

结合自我评价与同伴评价，英语融合课堂不仅提高了学生的语言技能，还培养了他们的批判性思维、合作和反思能力，为他们的终身学习奠定了坚实的基础。

（五）电子档案袋

电子档案袋（e-Portfolio）在英语融合课堂教学中已逐渐受到重视，它是一个电子形式的学习资料集，允许学生保存、整理、反思和展示他们的学习成果和进展。

电子档案袋是一个个人化的、数字化的学习空间，用于展示学生的学习历程、成果和技能。它包括但不限于学生的英语写作、音频录音、视频表演、项目报告、互动讨论记录等。

电子档案袋在英语融合课堂中有以下三方面作用。

1. 展示学习历程

学生可以在电子档案袋中上传他们的英语作文、口头报告等，展示他们在英语写作和口语表达方面的进步。

2.自我反思

学生可以为每一项上传的资料撰写反思，描述学习过程中的挑战、收获和改进计划。

3.互动与评价

教师和同学可以在线评论学生的作品，为其提供反馈和建议，从而促进学生的持续进步。

在应用电子档案袋时，技术与平台的选择至关重要。首先，选择的电子档案袋工具或平台应具备强大的适应性，能够满足英语学习的各种需求，如支持多种文件格式、音频和视频上传等。其次，要具备互动功能，如支持评论、标注和实时讨论，以增加学生与教师、同学之间的互动。

总之，电子档案袋提供了一个全面的评估窗口，允许教师更加全面地了解学生的英语学习进展和状况。教师可以根据学生在电子档案袋中展示的成果，为其提供有针对性的建议和指导。

四、信息技术在评价中的应用

（一）学习管理系统的应用

学习管理系统（learning management system，LMS）是一个用于管理、分发和追踪在线学习的平台或软件应用程序。它的功能包括但不限于内容发布、学习进度跟踪、互动讨论、成绩管理、评价工具集成等。

1.LMS在英语融合课堂评价中的角色

（1）集中管理

教师可以在LMS中发布各种英语学习资源，如课件、视频、音频、测试题等，并进行集中管理和更新。

（2）自动化评价

LMS通常包含测试和问卷功能，可以自动收集学生的答案，进行评分，并生成分析报告。

（3）实时反馈

基于学生的学习数据，LMS可以为教师和学生提供实时反馈，帮助他们及时了解学习状况和进展。

（4）个性化学习路径

根据学生的学习表现和需求，LMS可以推荐个性化的学习资源和路径，从而提高学习效率和效果。

2.英语学习中的实际应用案例

（1）线上听力测试

教师可以在LMS中发布英语听力材料和相应的题目，学生在线完成后，系统自动进行评分并记录成绩。

（2）写作作品提交与反馈

学生可以在LMS中提交英语写作作品，教师在线批改并提供反馈，整个过程高效且方便。

（3）口语练习与评价

LMS中的视频会议功能允许学生进行口语练习，并接受教师的实时评价。

3.LMS对评价策略的影响

基于LMS中丰富的学习数据，教育者可以进行深入的数据分析，从而制定更为精确的评价策略。除了传统的测试评分，LMS还允许教育者从多个维度（如学习时间、活动参与度、互动讨论质量等）对学生进行评价。

总结而言，学习管理系统为英语融合课堂提供了强大的技术支持，使得教学和评价过程更加自动化、智能化。通过LMS，教育者可以更有效地管理学习资源、跟踪学生进度并进行全面评价，从而确保学生在英语学习中取得更好的成果。

（二）数据分析工具对评价数据的整合与解读

在融合式英语课堂中，教师可能从多种来源收集评价数据，包括线上测试成绩、学生在线讨论的参与度、作业提交情况、在线互动的频率等。这些数据需要通过统一的平台进行整合，以便于进一步的分析和解读。

1.常用的数据分析工具

（1）学习管理系统内置工具

许多LMS，如Moodle、Blackboard等，提供了内置的分析工具，能够帮助教师追踪学生的学习路径、参与度、成绩趋势等。

（2）第三方数据分析软件

如Tableau、SPSS或Excel等，它们可以进行更复杂的数据分析和可视化分析，以提供更深入的洞察。

2.数据解读及其在英语融合课堂的应用

（1）确定学习趋势

通过数据分析，教师可以观察到学生的学习趋势。例如，某个学生在写作方面逐渐进步，但在口语实践中相对滞后；这可以为教师提供线索进行针对性教学。

（2）个性化学习建议

基于学生的学习数据，教师可以为学生提供更为个性化的学习资源和建议，例如推荐针对口语练习的在线资源或软件。

（3）调整教学策略

如果数据显示大部分学生在某个主题或单元中都遇到困难，那么教师可能需要重新审视该部分的教学方法或材料，考虑进行调整。

尽管数据分析工具在英语融合课堂评价中扮演着越来越重要的角色，不仅提供了对学生学习情况的宏观和微观视角，还帮助教师更有效地进行教学决策。但在收集和分析学生数据时，教师需要确保数据的隐私和安全性，遵循相关的伦理准则和法律规定。同时，数据只是提供了一种视角，而不是完整的真相。因此，教师应结合实际的教学经验和学生的反馈，有批判性地看待数据，确保其用于促进学生的学习和发展。

（三）人工智能在评价中的潜能

1. 自动化评价

（1）语音识别与口语评价

人工智能（AI）可以通过语音识别技术自动评估学生的发音、语调和流利度。例如，有些应用可以为学生提供即时的口语反馈，指出其发音中的误差。

（2）写作评价

AI可以通过深度学习模型自动检测学生的语法、拼写和语义错误，并提供建议进行改进。

2. 个性化学习路径推荐

基于学生的学习表现和进度，AI系统可以为学生推荐最适合他们的学习资源和活动，以帮助他们克服特定的学习难点或进一步深化学习。

3. 情感分析

人工智能可以分析学生在线上讨论或互动时的情感，以评估他们对特定内容或活动的兴趣和参与度。

4. 模式识别与预测

通过分析大量的学习数据，AI可以识别出学生可能遇到困难的模式，并提前为教师发出警告。这为教师提供了机会提前进行干预，帮助学生避免潜在的学习困难。

5. 实时反馈与调整

AI可以在学生进行在线学习活动时提供实时反馈，如自动化的测验和测试，使学生能够立即了解自己的表现，并根据反馈进行调整。

6. 游戏化学习与评价

利用AI驱动的游戏化策略，可以创建模拟现实的学习环境，如模拟商务谈判或旅行场景，评估学生在这些情境中的英语使用能力。AI在英语教学中有着巨大的发展潜力，但与其他数字技术一样，在使用AI进行评价时，也要确保学生的数据隐私和安全性。

人工智能为英语融合课堂评价带来了许多创新和潜能。从自动化评价到个性化推荐，再到情感分析和模式识别，AI为教师和学生提供了更为深入和全面的评价工具。然而，其在评价中的应用仍需要教育者谨慎、批判性地使用，确保评价真实、准确地反映学生的学习情况。

（四）社交媒体与评价策略的结合

社交媒体为学生提供了一个能够真实使用英语与全球用户交流的平台，如微博、微信等。它们为学生提供了一个在真实场景中锻炼和展示其英语能力的机会。通过分析学生在社交媒体上的活动和互动，教师可以评估学生的交际能力、团队合作能力以及批判性思维。学生可以通过发布微博、分享视频或写博客来展示他们的英语写作和口语能力。同时，这些内容的受欢迎程度，如评论数、点赞数等，也可以作为学生英语应用能力的一种间接评价。

社交媒体上的跨文化互动为学生提供了与来自不同文化背景的用户交流的机会。教师可以通过学生的在线互动来评估他们的跨文化交际能力和文化敏感性。学生还可以在社交媒体上分享和推荐英语学习资源，如文章、视频或应用。这不仅可以作为评价学生的自主学习能力，还可以评估他们筛选和整合信息的能力。

在使用社交媒体进行教学评价时，需要确保学生的隐私和数据安全。同时由于社交媒体上的信息容易受到众多因素的影响，教师在评价时需要注意分辨信息的真实性和可靠性。

第三节　反馈与课程改进的实践

在教育的现代化过程中，反馈作为促进学生学习成果的重要手段，日益受到广泛关注。特别是在融合式课堂中，如何设计高效的反馈机制，使学生从中获益，成为课程设计和教学实践的核心议题。反馈不仅可以深化学生对知识的理解，更能激发他们的学习动机，培养其自主学习和自我修正的能力。而随着技术的进步，我们还有机会利用先进的工具加强反馈效果，为学生提供更为精准的指导。同时，如何根据反馈数据进行课程改进，也成为教育者必须思考的问题。接下来，本节将深入探讨这些议题。

一、反馈的重要性

（一）反馈与学习成果的关联性

反馈在教育和学习过程中起到了至关重要的作用。以下是反馈与学习成果关联性的详细阐述。

1.知识巩固

提供反馈可以帮助学生确认他们的理解是否正确。当学生在学习过程中得到即时的反馈，他们可以迅速纠正误解或误区，从而加深对知识的掌握。

2.自我调整能力的培养

有了明确和及时的反馈，学生可以更好地了解自己的学习进度和短板，从而自主地调整学习策略和方法，提高学习效率。

3.增强学习动机

正向的反馈可以鼓励学生，使他们对学习产生更大的热情和兴趣；而建设性的批评反馈可以提醒学生，使其意识到还有改进的空间，从而激发他们努力学习的动力。

4. 培养学生的元认知能力

通过反馈，学生可以对自己的学习过程进行思考和评估，培养自己的元认知能力，即对自己认知过程的认知，这有助于他们更为深入地理解和应用知识。

5. 建立教师与学生之间的沟通桥梁

反馈不仅是教师告诉学生，更是一种双向沟通的方式。学生可以通过反馈了解教师的期望，而教师也可以了解学生的需求和困惑。

6. 助力教学决策

教师可以根据反馈内容调整教学策略、方法和内容，以适应学生的实际需求和水平，从而提高教学效果。

反馈与学习成果之间存在密切的关联性。高质量的反馈不仅可以促进学生的知识掌握，更可以培养他们的自主学习、自我调整和元认知能力，有力地推动他们朝着更高的学习目标迈进。

（二）如何促进学生的自主学习与自我修正

学生的自主学习和自我修正能力是决定其学术成功的重要因素。而反馈在这一过程中起到了不可或缺的角色。

1. 为学习提供方向

有效的反馈可以为学生指明方向，让他们知道哪些地方需要重点关注，哪些地方已经掌握得比较好，从而有针对性地进行学习。

2. 识别和修正错误

反馈可以帮助学生及时发现并纠正自己的错误。当学生明白了自己的不足，他们更可能采取行动进行改进。

3. 建立自我评估意识

让学生习惯于收到并反思反馈，他们会逐渐学会对自己的学习进行自我评估，从而更加主动地调整学习方法和策略。

4. 增强自信心

正面的、鼓励性的反馈可以增强学生的自信心，并激发他们的学习动机。知道自己在哪些地方做得好可以鼓励学生继续努力。

5. 提供策略性建议

不仅仅指出错误，更重要的是为学生提供解决问题的方法或策略。这种策略性的反馈可以指导学生如何更好地学习。

6. 加强自主学习的责任感

反馈可以使学生意识到学习不仅仅是教师的责任，他们自己也应该对自己的学习负责。知道自己在哪些方面需要努力，可以增强学生的学习责任感。

7. 提高学习的深度和广度

通过不断的反馈，学生会更加深入地探索知识，他们会对学习内容产生更多的问题，从而推动他们广泛地、深入地学习。

8.培养持续学习的习惯

及时和持续的反馈可以培养学生持续学习的习惯。他们会习惯于在学习过程中寻求反馈，并根据反馈进行相应的调整。

通过有效的反馈，我们可以鼓励和引导学生更加自主地、有目的地、有策略地学习，从而培养他们的自我修正能力以及养成终身学习的习惯。

二、融合式课堂的反馈机制设计

融合式课堂，作为一种将传统课堂教学和在线学习相结合的教学模式，要求反馈机制的设计具有更高的灵活性和针对性。以下是融合式课堂在反馈机制设计中的一些核心要点。

（一）即时与延时反馈的平衡

在融合式课堂中，即时与延时反馈作为反馈的两种主要形式，其各自的特点和应用都有其独特价值。

首先，我们要理解即时反馈的真正价值。当学生在融合式课堂中遇到难题或疑惑时，他们经常期待及时得到回应。这种即时性不仅能迅速纠正学生的误区，帮助他们避免在错误的方向上走得太远，而且可以增强学生的学习动机。每当学生得到即时的肯定或是指正，他们的自我效能感会得到增强，对学习产生更强烈的动力。另外，这种即时的交流也为教师提供了一个珍贵的窗口，使其能够实时了解学生的学习状况，更好地调整教学策略。

与此同时，延时反馈带来的深度评估也不容忽视。它为学生提供了一个全面的、从宏观角度出发的评价。与即时反馈的"快速响应"不同，延时反馈更多地注重学生的整体学习过程和结果，它能针对学生的长期表现提供更加深入的分析和建议。此外，这种延时性也为教师提供了充足的时间去综合各种信息，进行更为深入和细致的思考，从而给学生更为精准的指导。

然而，如何在这两种反馈之间找到一个平衡点是一门艺术。实际上，选择即时还是延时反馈并不仅仅是一个时间问题，更多的是需要根据任务的性质和目的来决定。例如，对于基础的知识点或技能，学生可能需要立即知道他们是否掌握正确，这时即时反馈显得尤为重要。但对于一些需要学生深入思考、研究和探索的复杂任务，如项目研究或案例分析，延时反馈可能更为恰当，因为它能给学生提供一个整体、综合的评价，帮助他们对自己的学习进行更为深入的反思。

总之，融合式课堂中的反馈机制应该是灵活的，能够根据不同的学习内容和环境为学生提供最为恰当的反馈，从而最大化地促进学生的学习。

（二）个性化与普遍性反馈的结合

在融合式课堂这一特殊的教学环境中，个性化和普遍性反馈并非是孤立的，它们是相辅相成的。其实，教育的核心就在于平衡这两者，以提供更全面、更有效的教学支持。

首先，我们要理解个性化反馈为何至关重要。每个学生都是独特的，他们拥有不同的背景、兴趣、能力和学习方式。例如，一些学生可能在数学上表现出色，但在语言学习上遇到困难，而另一些学生则相反。这种差异意味着单一、标准化的反馈方式很难满足所有学生的需求。个性化反馈可以根据每个学生的实际情况给予具体、有针对性的建议，使学生能够在自己的薄弱环节得到提升，同时在优势领域继续发扬光大。

其次，我们要知道普遍性反馈也不容小觑。有时，一个班级中的大多数学生可能会在某个特定领域或技能上遇到共同的问题。在这种情况下，教师可以进行集体讲解和指导，这不仅可以确保所有学生都能得到关键信息，而且也更加高效，因为教师不需要为每个学生单独解释相同的内容。

如何有效地融合这两种反馈形式呢？在日常教学中，教师可以通过观察和学习管理系统来收集关于学生学习表现的数据。这些数据可以帮助教师识别学生普遍存在的问题，以及哪些学生需要特别关注。接下来，教师可以在课堂上提供普遍性反馈，并在课后或一对一的时间里为那些需要特别支持的学生提供个性化指导。

此外，教师还可以鼓励学生之间的互动，使他们互相分享学习经验和策略。这样，学生不仅可以从教师那里得到反馈，还可以从同伴那里获得新的视角和建议。

个性化和普遍性反馈在融合式课堂中都有其不可替代的位置。通过巧妙地结合这两种反馈方式，教师可以更好地满足学生的学习需求，帮助他们达到最佳的学习效果。

（三）从知识掌握到学习策略的多维度反馈

在教学过程中，尤其是在融合式课堂中，仅仅关注学生的知识掌握情况是远远不够的。一个真正全面的反馈体系需要涵盖从知识掌握、学习策略，到情感和态度的多个维度。这种多维度的反馈不仅能更全面地促进学生的学习，还能助力学生在未来面对各种挑战时更有准备和自信。

首先，知识和技能的掌握是教学的基石。教师需要经常性地检查学生对课程内容的理解和应用能力，以确保学生在这一基础上能够稳定前进。通过定期的测试、作业和实践活动，教师可以迅速地了解学生的掌握情况，并针对他们的特定需求提供具体的指导和建议。

然而，这只是开始。知识的掌握虽然重要，但如何学习这些知识同样关键。这就涉及学习策略的反馈。一些学生可能对某些知识点有困惑，但原因并不完全是他们不理解这些知识，而是他们使用的学习方法不太合适。教师可以通过观察和交流，发现学生在时间管理、任务分解或批判性思维等方面的不足，并提供相应的指导和建议。这样，学生不仅能更好地掌握知识，还能培养出对未来学习和工作都非常有价值的技能。

最后，不可或缺的是情感和态度的反馈。学习不仅是一个认知过程，还涉及情感和心态。学生的学习热情、好奇心、自信心和毅力都会深刻影响他们的学习效果。在融合式课堂中，教师应该经常性地关注学生的学习情感和态度，并提供相应的支持和鼓励。例如，对于那些对学习失去兴趣或信心的学生，教师可以通过一对一的交流，了解他们的想法和困惑，并给予鼓励和建议，帮助他们重燃学习的热情。

融合式课堂的反馈机制应该是全面的，涵盖知识、策略和情感多个维度。只有这样，才能真正达到教育的目的，培养出既有知识又有技能，并且充满热情和自信的学生。

三、学生在反馈过程中的角色

（一）学生主导的反馈机制

在传统的教育模式中，反馈往往是单向的，由教师向学生提供。但在现代融合式课堂中，学生在反馈过程中的角色日益被重视。学生不再仅仅是反馈的接受者，他们也成了反馈的提供者和主导者。学生主导的反馈机制强调学生在学习过程中的主体性，鼓励他们对自己的学习进行自我评估、自我调整和自我指导。

学生自我评估是学生主导反馈的第一步。学生通过反思自己的学习过程、成果和困惑，自行评估自己的学习状态。这样的自我评估可以帮助学生更清晰地了解自己的学习需求，为下一步的学习做好规划。

在学生主导的反馈中，学生不仅是被动接受教师的评价和建议，更重要的是，他们可以积极地向教师提出自己的疑问和需求，帮助教师更精准地提供有针对性的支持和指导。

在某些教学环境中，学生还可以参与到课堂的教学决策中，如课程内容的选择、教学方法的调整等。这不仅可以提高学生的学习积极性和动机，还可以使教学更加符合学生的实际需求。

在学生主导的反馈机制中，学生与教师之间的关系也发生了变化。他们不再是传统意义上的"教"与"学"的关系，而更像是合作伙伴。双方共同参与到学习的过程中，互相支持、互相鼓励、互相学习。

总的来说，学生主导的反馈机制强调了学生在学习过程中的主体性和参与性。它不仅有助于提高学生的学习效果，还能培养他们的自主学习能力和合作精神。

（二）学生与教师的互动反馈

在教育过程中，反馈不仅是单方面的传达信息，更是一种交互的沟通过程。学生与教师的互动反馈越来越被认为是促进学习的关键机制，因为它建立了一个基于互信和合作的学习环境。以下是学生与教师互动反馈的几个重要方面。

1. 双向的沟通

在互动反馈中，信息的流动不仅仅是从教师到学生，也包括从学生到教师。学生可以向教师表达自己对某一知识点的理解，或者对某项任务的困惑，而教师则提供必要的指导和建议。

2. 实时的调整

基于学生的反馈，教师可以实时调整教学策略和内容，确保教学与学生的实际需求和进度相匹配。同时，学生也可以基于教师的反馈，及时调整自己的学习策略和焦点。

3.共同的目标设定

学生与教师可以共同讨论和设定学习目标,确保双方对学习的方向和期望都有清晰的了解。这种共同的目标设定不仅可以提高学生的学习动机,还能增强教师的教学责任感。

4.建立信任关系

互动反馈也有助于建立和加强学生与教师之间的信任关系。当学生感受到他们的声音被重视,他们的问题和困惑得到关注时,他们更容易相信教师的专业性和善意,从而更加愿意参与到学习过程中。

5.促进深度学习

通过学生与教师的紧密互动,学生更容易进入一个深度学习的状态。他们不仅仅是被动地接受信息,还会主动探索、提问和反思,从而达到真正的理解和应用。

总之,学生与教师的互动反馈是教育过程中不可或缺的一部分。它不仅可以提高教学的效果和效率,还能培养学生的主动性、自主性和合作精神。

(三)同伴之间的反馈机制及其价值

同伴间的反馈,即同学之间相互提供关于学习的反馈,是一个在现代教育环境中日益受到重视的教学策略。同伴反馈弥补了教师单一反馈的局限性,为学生提供了更加多样化、真实和及时的反馈来源。

1.真实性与同理心

同学们通常处于相似的学习阶段,他们能够更真实地理解彼此的学习困境和挑战。这种从"我也是"角度出发的同理心使得反馈更加真实、具体且贴近实际。

2.多角度的观点

每个学生都有自己独特的学习经验和理解方式。相互之间的反馈提供了多种观点和思考方式,帮助学生从不同的角度看待问题,从而拓宽了思考的深度和广度。

3.增强交流与合作能力

同伴反馈要求学生之间进行有效的沟通和合作,这不仅能够锻炼他们的交流技巧,更能培养他们的团队合作精神。

4.提高学习动机

得到同伴的正面反馈和鼓励可以显著增强学生的自信和学习动机。同时,从同伴那里得知自己的不足和错误,通常会比从教师那里更容易接受和改正。

5.培养批判性思维

在给予同伴反馈的过程中,学生需要对同伴的作品或答案进行批判性思考,从而锻炼自己的分析和评价能力。

6.更频繁、更及时的反馈

与教师相比,学生们在学习过程中有更多的机会与同伴进行互动,从而获得更为频繁和及时的反馈。

7.学习社区的建设

同伴反馈为学生创造了一个积极、互助的学习社区，其中每个成员都是教师，每个成员也都是学生。

同伴之间的反馈机制为学生提供了一个互相学习、互相支持的环境。这种基于合作和共同进步的教学方式不仅有助于提高学习效果，还能培养学生的社交能力、团队精神和批判性思维。

四、从反馈到课程改进的桥梁

（一）反馈数据的整合与课程目标的匹配

有效的教学并不仅仅是传递知识，而是一个持续的循环，其中教师为学生提供信息，学生做出响应，然后教师再根据这些响应做出调整。为了实现这一过程，教师需要对学生的学习反馈进行综合和分析，并将其与课程目标进行匹配，从而做出有针对性的教学调整。

首先，教师需要收集来自不同渠道的反馈数据，这可能包括传统的考试成绩、作业评价，也可能包括学生的自评、同伴评价和其他非正式的反馈机制。这些数据需要在一个统一的平台上进行整合，以便于分析。

反馈数据不仅仅是为了给学生评分。教师需要将这些数据与课程的目标和预期成果进行比较，以确定学生是否已经达到了预期的学习目标，或者哪些领域需要进一步的关注。

通过对比反馈数据和课程目标，教师可以明确识别出学生在哪些方面达到了预期，在哪些方面还有差距。这些差距是教师在后续教学中需要特别关注的地方。

识别出的差距不仅提供了教师对学生的指导方向，也为教师提供了反思自己教学方法的机会。是否需要调整教学策略？是否需要引入新的教学资源或方法？这都是基于反馈数据的整合与匹配得出的结论。

最后，经过调整的教学策略将再次得到学生的反馈，进而形成一个持续的、动态的教学反馈循环。这种循环确保教学始终保持与学生的学习需求和课程目标的一致性。

反馈数据的整合与课程目标的匹配是从反馈到课程改进的重要桥梁。它使教师能够明确地看到学生的学习状态，从而做出有针对性的调整，确保教学效果的最大化。

（二）课程改进策略的设计与实施

课程改进不是单纯的修改和修补，而是一个系统化、结构化的过程，旨在提高学生的学习效果，满足他们不断变化的学习需求。以下是关于课程改进策略的设计与实施的详细策略。

1.需求分析

在改进课程之前，首先要明确为何要进行改进。这通常涉及对学生的学习需求、社会的期待以及学科的发展进行分析，以确保课程始终与这些因素保持相关性。

2.目标明确

改进的目标应明确而具体，以确保所有参与者（如教师、学生和管理者）都明白改进的方向。例如，目标可以是提高某项技能的掌握率、增加某一话题的深度或者提高学生的参与度。

3. 多元化策略

课程改进应该是多方面的。这可能包括更改教学方法、引入新的教学材料、修改评估方法或者引入新的技术工具。每种策略都应基于其可能带来的益处与学生的需求进行选择。

4. 参与者的合作

课程改进不应仅仅是教师或管理者的任务。学生、家长以及其他利益相关者都应参与到改进过程中，因为他们能提供独特的视角和建议。

5. 实施与监控

一旦策略被确定，应该制订一个详细的实施计划，并为每一步设定明确的时间表。同时，应持续监控实施过程，以确保计划的进行是按照预期的方向。

6. 反馈与评估

在策略实施的每个阶段结束后，应收集反馈并进行评估。这可以帮助确定是否需要进行调整，并为未来的改进提供宝贵的经验。

7. 持续改进

课程改进不是一次性的活动，而是一个持续的过程。随着时间的推移，学生的需求、社会的期待以及学科的发展都可能发生变化，因此，课程应随之进行调整。

课程改进策略的设计与实施是一个综合性、多层次的过程，需要多方合作和持续的努力。只有这样，才能确保课程始终满足学生的需求，实现教育的目标。

（三）以学生为中心的课程改进方法

以学生为中心的教学理念强调学生在学习过程中的主动性和参与度。相对于传统的"教师中心"模式，这种方法更强调学生的需求、兴趣和参与，使他们成为学习的主体。

课程改进过程中，以学生为中心的方法密切关联于反馈机制。反馈不仅是教师对学生学习情况的回应，更是一种促进学生主动参与、自我调整学习策略的重要途径。以学生为中心的课程改进方法便是以学生的需求为出发点，透过各种反馈机制让学生深度参与到课程的持续改进中。

一方面，教师要通过对学生需求的深入理解，定制化课程内容，保证课程的个性化和相关性。这需要教师通过多种方式，如调查、访谈等获取学生的反馈，了解他们的学习需求，才能使课程设计与学生的兴趣、知识背景、学习目标等更好地匹配。另一方面，教师要鼓励学生主动参与课程的设计和实施过程。学生可以通过项目、小组讨论等形式，对课程提供反馈，并根据反馈结果自我调整学习策略，从而实现更高效的学习。这种以学生为中心的方法，使学生从被动接受知识变为积极参与者，增强了他们的学习动机和参与度。

将反馈融入课程改进的每个环节，以学生为中心的课程改进方法不仅有利于提高教学质量，也能激发学生的学习热情，使他们在学习过程中取得更大的进步。

五、英语融合式课堂的成功反馈与改进案例介绍

（一）案例背景

公共英语课在中国高校中是一门重要的基础课程，旨在提高学生的英语应用能力，为他们未来的职业生涯和跨文化交往打下坚实的基础。然而，在笔者所在的高校中，公共英语课面临着几个难以忽视的问题。

首先，学生的参与度低。传统的教学方式往往注重知识的传授，而忽略了学生的主体性。在大班教学中，学生往往成为被动的接受者，缺乏参与和互动的机会。许多学生认为公共英语课程内容枯燥，与他们的专业和兴趣无关，因此对学习英语缺乏积极性。

其次，学生的学习动机不足。由于公共英语课程的标准化和普及化，很多学生把它视为一门应付的课程，而不是一门能够提高自己综合素质的课程。缺乏内在动机的学生在学习过程中往往缺乏持续性和深度，这不仅影响了他们的学习效果，也为教师带来了教学上的挑战。

最后，尽管学生在学习过程中掌握了大量的语法和词汇知识，但他们的英语应用能力仍显不足。这是因为传统的教学模式往往忽略了语言的实际应用，导致学生在真实场景中难以流利地使用英语。

针对以上问题，学校领导和英语教学团队认识到，单纯的教材和教学方法的更新是不足以带来根本性改变的。为了真正提高学生的英语应用能力，激发他们的学习动机，并提高他们的课堂参与度，学校决定采用融合式课堂教学。这种教学模式旨在将传统的面授课与现代的在线教学方法相结合，打破时空的限制，创造一个更加开放、互动和个性化的学习环境。

（二）实施过程

1.引入线上资源

通过采用国际公认的在线英语学习平台，学生不再受限于课堂和教材，他们可以自由选择学习的内容和节奏，探索与自己兴趣和专业相关的英语知识。这种自主学习的方式大大提高了学生的学习动机。在线平台的多人实时交流功能也打破了传统课堂的限制，让学生有机会与不同的学习者进行交流，锻炼自己的口语和听力能力。

2.创新的课程安排

学生所在高校的融合式课堂教学模式在课程安排上也做出了重大改变。上课前，学生在在线平台上的自主学习，不仅可以根据自己的进度调整学习计划，还可以在实际应用中检验自己的英语水平。在面对面课堂教学中，则充分体现了教师的专业指导作用。针对学生在线学习中遇到的问题，教师可以进行有针对性的讲解，同时，还可以组织各种与真实生活情境相关的英语应用活动，如角色扮演、小组讨论等，让学生在实践中巩固和拓展自己的英语知识。

3. 及时的反馈收集与课程调整

在线平台的数据分析功能为教师提供了一个重要的教学反馈工具。通过查看学生的学习进度、测试成绩和参与度，教师可以及时了解学生的学习状况，调整教学策略。学生的问卷调查不仅是对融合式课堂的反馈，更是对教学方法、教材内容和教学组织形式的反馈。通过这些宝贵的反馈信息，学校和教师可以不断完善公共英语课程，使其更加贴近学生的实际需求，提高学习效果。

（三）学生反馈

大部分学生表示，线上学习平台的资源丰富，可以根据自己的水平和进度进行学习，更有利于发掘自己的潜能。

通过线上与线下的结合，学生对英语的实际应用能力有了明显的提高，尤其是听说能力。

（四）改进措施

学校决定进一步丰富线上资源，如增加更多的实际应用场景、模拟交流等，以提高学生的参与度。

针对学生的反馈，教师会定期进行教学策略的调整，如增加更多的互动环节、实际应用活动等，确保学生能够在课堂中获得更多的实践机会。

这个案例说明，在大学的公共英语教学中，融合式课堂不仅可以激发学生的学习兴趣，还可以提高他们的英语应用能力。通过持续的反馈和改进，教学效果可以得到进一步提升。

第六章 技术工具在英语融合式课堂教学中的应用

第一节 学习管理系统与在线资源的利用

随着信息技术的迅速发展和教育领域的不断创新，数字化学习和在线教育成为教育行业的一大趋势。在这样的背景下，学习管理系统的使用和在线资源的整合与运用已经渗透到了各个层面的教学活动中，因此本节将对这些内容进行深入的探讨和研究。

一、学习管理系统的介绍

（一）学习管理系统

学习管理系统（Learning Management System，LMS）是一种用于管理、跟踪、报告和传递教育课程或培训程序的软件应用程序。它可以广泛用于各类学校、大学、企业和政府组织中，为在线学习、混合学习、远程教育和其他各种教学方式提供支持。

学习管理系统的起源与计算机技术、网络和教育理念的演变紧密相连。20 世纪 60 年代，计算机辅助教学（CAI）开始出现，早期主要用于大学和军事培训中。随着远程教育的兴起，进入 90 年代，随着互联网的普及，教育软件开始商业化。许多公司专注于开发用于企业培训和教育的软件解决方案。这一时期的技术进步为 21 世纪初真正意义上的学习管理系统的诞生做好了准备。

2000 年伊始，随着技术的进一步成熟，出现了第一批学习管理系统。开源和商业解决方案如 Moodle 和 Blackboard 开始进入市场。这一时期的 LMS 提供了内容管理、学生管理、互动工具等多样化功能。

随着智能手机和社交媒体的普及，到 2010 年，LMS 开始加入移动学习和社交功能，使学习变得更加灵活和互动。当今的 LMS 正在进一步加入数据分析和人工智能功能，以支持个性化学习和更精确的学习分析。

学习管理系统的主要功能通常包括以下几个方面。

1. 内容管理

允许教师和培训师上传和组织课程材料，如视频、文档、幻灯片等。

2. 学生管理

帮助跟踪学生的参与、进展和成绩，以便老师能够了解学生的学习情况。

3. 互动工具

如论坛、聊天室和电子邮件，使学生和教师能够相互沟通和协作。

4. 评估和测试

提供在线测验和考试工具，以便于评估学生的学习成果和理解。

5. 报告和分析

生成关于学生参与、完成情况和成绩的报告，以便进行分析和改进。

6. 访问控制

可以设置不同的权限，以便根据用户的角色（如学生、教师、管理员等）来控制对内容和功能的访问。

7. 集成和兼容性

许多 LMS 能够与其他教育工具和系统集成，提供更加流畅和一体化的用户体验。

8. 移动学习支持

现代的 LMS 通常也提供移动端访问，方便学生在不同的设备上学习。

9. 自定义和扩展性

允许组织根据特定需求定制和扩展 LMS 的功能。

学习管理系统不仅可以提高教学效率，还可以让教学资源更加容易获取，增加了学习的灵活性和可访问性。不过，实施 LMS 也可能会遇到一些挑战，如技术难题、用户培训、内容迁移等，因此在选择和部署 LMS 时需要进行充分的考虑和规划。

（二）主流学习管理系统介绍

学习管理系统的一些知名提供商包括 Moodle、Blackboard、Canvas LMS、泛雅网络教学平台等。

1. Moodle

Moodle 是一种流行的开源学习管理系统，用于创建和管理在线课程和教育内容。它在全球范围内广泛使用，服务于大学、学校、企业和其他组织。

以下是关于 Moodle 的一些主要特点和信息。

（1）开源和灵活性

作为一个开源平台，Moodle 允许任何人免费下载和使用。这不仅降低了成本，还使开发人员能够自由定制和扩展其功能。

（2）丰富的功能

Moodle 提供了一整套工具，包括内容管理、在线测验、论坛、聊天室、评分册和跟踪学生进展等。

（3）社区支持

Moodle 背后有一个活跃的开发和用户社区。有成千上万的插件和扩展，可以根据特定的教学需求来增强系统功能。

（4）多语言支持

Moodle 支持多种语言，使其适用于全球范围内的教育和培训需求。

（5）移动学习

Moodle 也提供了移动学习解决方案，允许学生和教师在各种设备上访问课程和资源。

（6）可扩展性

无论是小型学校还是大型大学或企业，Moodle 都可以通过扩展服务器和资源来满足不同规模的需求。

（7）教育导向

Moodle 的设计哲学基于社交建构主义理论，强调互动、合作和学生参与。这为教师提供了丰富的工具，以支持各种教学风格和方法。

Moodle 自 2001 年以来已成为教育技术的重要组成部分，其开源和社区驱动的特性使其能够快速适应教育界的不断变化的需求。无论是传统的教育机构还是现代远程和在线学习环境，Moodle 都提供了一个强大、灵活和可定制的解决方案。

2. Blackboard

Blackboard 与 Moodle 一样，是一种广泛使用的学习管理系统，在全球教育机构、企业和政府组织中都有应用，其旨在提供一个集成平台，通过它教师和学生可以互动和访问课程资料，进行在线评估，并追踪学习进展。以下是关于 Blackboard 的一些关键特点。

（1）综合解决方案

Blackboard 不仅提供基本的 LMS 功能，还提供了与虚拟课堂、学生合作、移动学习、分析等相关的服务和工具。

（2）用户友好

Blackboard 致力于提供直观和用户友好的界面，使教师和学生都能容易上手。

（3）可定制和集成

Blackboard 可以与许多第三方应用和服务集成，同时也允许机构根据自己的特定需求和品牌来定制平台。

（4）数据分析

Blackboard 提供了强大的报告和分析工具，以便教育者和管理人员了解学生的参与和成绩，从而做出有根据的决策。

（5）无障碍访问

Blackboard 注意到无障碍访问，并提供了多种工具和设置，以支持各种不同的学习需求和能力。

（6）全球支持

作为一家国际公司，Blackboard 在全球范围内提供支持和服务，以适应不同地区和文化的需求。

（7）移动学习

Blackboard 也有专为移动设备优化的解决方案，以便学生和教师随时随地访问资源和参与活动。

Blackboard 最早进入中国的学习管理系统市场，经过多年的发展，目前已经成为全球学习管理系统领域的主要参与者之一。无论是 K-12 教育、高等教育还是职业培训，Blackboard 都提供了一系列的产品和服务，以支持现代化、灵活的学习体验。其通过提供多样化的工具和特性，使教育者能够更有效地组织和提供内容，促进学生参与，并跟踪学习效果。

3. Canvas LMS

Canvas LMS 是由美国的 Instructure 公司开发的一款学习管理系统。自 2008 年推出以来，Canvas 已经成为全球许多教育机构和企业的主要在线学习平台。Canvas LMS 也有以下很多的优点。

（1）云基础设施

Canvas 是一款基于云的 LMS，提供了灵活的扩展性和可靠的性能。

（2）用户友好界面

Canvas 以其直观和用户友好的设计受到赞誉，旨在让教师和学生容易上手。

（3）开放性和集成

Canvas 提供了丰富的 API，允许与许多第三方工具和系统轻松集成，如 Google Workspace、Microsoft Office 365 等。

（4）移动访问

Canvas 提供了针对移动设备优化的应用程序，以便学生和教师随时随地访问资源和进行交互。

（5）协作工具

Canvas 包括了多种协作工具，以支持在线讨论、小组项目和实时沟通。

（6）个性化学习

Canvas 允许教师自定义课程内容和结构，以适应不同学生的学习需求和风格。

（7）数据分析和报告

Canvas 提供了详细的数据分析和报告功能，使教育者能够跟踪和评估学生的学习进展和成绩。

（8）社区支持

Canvas 有一个活跃的社区和丰富的资源库，包括教程、最佳实践和支持文档，以帮助用户充分利用平台。

Canvas LMS 的这些特点使其成为许多高校、学校、企业和其他组织的受欢迎选择。Instructure 公司继续在全球范围内推广 Canvas，并不断更新和改进其功能和服务，以满足现代教育和培训环境的不断变化的需求。

Canvas LMS 有两个版本：Canvas Cloud 和 Canvas Open Source。

Canvas Cloud 是 Instructure 公司提供的商业版本，它是托管在云中的，提供全套功能和服务，包括 24/7 客服支持、持续更新和安全保障等。这个版本通常由大学、学校和商业组织使用，他们希望充分利用 Canvas 的全部功能，同时不必担心日常维护和管理的问题。

而 Canvas Open Source 是 Canvas 的开源版本，允许组织自由地安装、定制和管理自己的 Canvas 实例。虽然开源版本免费提供，但它通常需要更多的技术专长来设置和维护。组织可以选择是否购买附加支持和服务。

这两个版本的共同之处在于它们共享相同的核心代码和基本功能。商业版本通常包括一些额外的功能和集成选项，但开源版本仍提供了一个强大的 LMS 解决方案。选择哪个版本取决于组织的特定需求和资源。商业版本可能更适合那些需要全套功能和专业支持的组织，而开源版本可能更吸引那些有能力自己管理系统并希望更大程度地定制的组织。

4.泛雅网络教学平台

《国家中长期教育改革和发展规划纲要（2010—2020 年）》明确提出了我国教育变革的方向，即"开发网络学习课程，创新网络教学模式，更新教学观念，改进教学方法……"。为顺应我国高等教育发展趋势，满足师生对网络教学的需求，超星集团充分利用了课程资源、软件研发和数字图书馆等方面的优势，研发了新一代网络教学平台——超星泛雅网络教学平台。

泛雅的设计理念、主要模块、资源库和其他特性都使其成为一个全方位的教学解决方案。以下是泛雅网络教学平台的一些优势。

（1）综合的研发理念

"平台＋资源＋服务"不仅涵盖了技术支持和教学资源，还强调了客户服务，以确保所有元素协同发挥最大效用。

（2）丰富的资源库

超过 100 万种电子图书、2 万集学术视频、123 万个课件和 3000 万篇文档资料等教学资源，为教师和学生提供了广泛的选择和便捷的访问。

（3）个性化学习空间

通过 App 架构和 SNS 概念的融入，为每个用户打造了个性化的主页和社交学习环境。

（4）灵活的慕课课程建设工具

方便地实现课程知识单元化，快速建设富媒体慕课课程。

（5）全面的教学互动平台

支持作业、测验、通知、答疑等功能，以及超星的海量在线资源的无缝对接。

（6）精确的教学管理评估

通过统计和可视化分析，帮助学校和老师了解教学和学习情况，以便进行调整和改进。

（7）质量工程支持

专为高等学校的教学质量和教学改革需求设计，提供全套质量工程项目生命周期管理平台。

（8）移动学习支持

通过 iOS 和安卓移动客户端支持，使师生能够随时随地访问教学资源和信息。

（9）整合了各种教学资源

包括超星资源库、互联网资源、学校资源和个人资源等，为教学提供了丰富的支持。

泛雅网络教学平台以其多样化的功能和资源，展示了现代化、个性化和互动式网络教学的可能性。其设计理念和功能模块可以为教育机构提供一体化的解决方案，同时也为教师和学生创造了更加丰富和个性化的学习体验。随着在线教育的不断发展和普及，泛雅等先进的网络教学平台可能会在全球范围内继续推动教育的创新和变革。

二、LMS在英语融合式课堂教学中的应用

学习管理系统在英语融合式课堂教学中的应用能帮助提高教学效率、扩展学习资源、增进师生互动和支持个性化学习。

（一）结合线上和线下学习

LMS 以一种创新和灵活的方式将传统的面对面教学与在线学习结合在一起，从而为学生和教师提供了一个更加完整和有组织的学习体验。

通过 LMS，教师可以有条理地组织和提供在线教学资源、活动和作业。这些资源不仅可以通过各种形式和媒体展现，如视频、演示文稿、测验和讨论论坛等，而且可以根据学生的个人需求和进度进行个性化调整。这一功能使得学生在课堂外也能自主学习和练习，从而深化他们对所学知识的理解和掌握。

与此同时，LMS 提供的监测工具使教师能够实时追踪学生的学习进展和表现。教师可以了解学生在哪些方面遇到困难，哪些资源和活动对他们最有效，从而及时提供反馈和指导。这种数据驱动的教学方法不仅有助于提高学生的学习效率，还有助于教师对教学策略和内容进行持续改进。

融合式教学的另一大优势是增强了学生与教师、学生与学生之间的互动和沟通。LMS 中的在线社区和讨论区可以促进学生之间的合作和交流，鼓励他们提出问题、分享想法和参与讨论。这种沟通不受时间和地点的限制，有助于培养学生的批判性思维和团队合作能力。

（二）丰富的学习资源

在英语融合式课堂教学中，学习管理系统通过整合各种类型的教学资源，为学生提供了一个全方位的语言学习体验。

首先，LMS 可以整合和管理丰富多样的教学资源，如视频、音频、文本和测验等。

这种多媒体的教学方式符合现代学习者的需求和习惯，有助于提高学生的学习兴趣和参与度。例如，视频和音频可以展示真实的语言场景和口音，有助于提高学生的听力理解能力；文本和测验则可以用来加深学生对语法和词汇的理解。

其次，通过 LMS，教师可以为学生提供语音和口语练习的机会。通过与原生英语演讲者的虚拟对话、模拟会话等互动方式，学生可以在真实且安全的环境中练习英语口语，提高自信和流利度。这种实时的反馈和指导有助于学生及时纠正发音和语调的错误，培养他们的沟通和表达能力。

最后，LMS 还可以包括文化背景介绍和其他扩展资源，帮助学生了解英语的社会和文化背景。了解语言背后的文化习俗和价值观可以增强学生对英语的理解和掌握，培养他们的跨文化沟通能力。这些内容可以通过文章、图片、影片等方式展现，使学生在学习语言的同时，也能深入了解与之相关的历史、艺术和社会等方面的知识。

（三）个性化学习路径

个性化学习路径在现代教育中越来越受重视，特别是在学习第二语言如英语时，学生的学习速度和需求可能差异较大。LMS 在此方面提供了强有力的支持，允许教师为每个学生制订个性化的学习计划和路径，从而满足不同学习水平和兴趣的学生的需求。

通过 LMS，教师可以基于学生的先前知识、学习风格、兴趣和目标，设计和调整学习内容和活动。例如，对于英语水平较高的学生，教师可以提供更复杂的阅读材料和写作任务；而对于需要加强基础技能的学生，则可以提供更多的语法练习和听力训练。

个性化学习路径不仅关注学生的学习速度和水平，还可以针对他们的兴趣和职业目标进行定制。这样可以增加学生对学习的投入和动机，使他们在学习过程中感到更加有目的和满足。例如，对于对商务英语感兴趣的学生，教师可以提供与商务沟通和谈判相关的材料和案例分析。

LMS 中的数据分析和反馈工具也为学生的个性化学习提供了支持。教师可以实时追踪学生的学习进展和表现，了解他们在哪些方面遇到困难，哪些资源和活动对他们最有效。这些信息可以用来及时调整学习计划和策略，确保学生的学习始终保持在适当的挑战和支持水平之间。

（四）增强师生、生生互动

在英语教学中，师生、生生之间的互动交流是提高听说能力的关键环节，而学习管理系统正是通过其讨论论坛、聊天室和合作工具为这一互动提供了便捷的平台。

1. 讨论论坛和聊天室的功能

通过 LMS 中的讨论论坛和聊天室，学生可以与教师和同学实时交流和讨论各种主题。这些在线交流平台可以模拟真实的对话场景，使学生在交流中练习和应用所学英语知识。此外，教师可以通过这些平台对学生的发言提供即时反馈，指导他们的语言运用和思维方式。

2.合作工具的支持

LMS 提供的合作工具允许学生在一起完成任务和学习，促进合作学习。例如，通过共享文档和在线白板，学生可以共同编辑报告、制订计划、分析问题等。这种合作不仅有助于培养学生的团队合作精神和问题解决能力，还能鼓励他们一起使用英语进行沟通和讨论。

3.设置合作项目和小组工作

教师可以利用 LMS 设置合作项目和小组工作，按照学生的兴趣和水平将他们分组，共同完成任务。这种合作学习在英语教学中特别重要，因为它可以让学生在真实的情境中练习和使用英语。例如，学生可以一起准备虚拟演讲、参与角色扮演、进行小组研讨等。

4.社交元素的融合

LMS 还可以通过社交媒体元素和游戏化策略，如积分、勋章、排行榜等，增加学习的趣味性和参与度。这样的设计可以激发学生的竞争和合作精神，促进他们更加积极主动地参与交流和合作。

（五）支持移动学习

随着移动设备在日常生活中的普及，移动学习更符合现代学习者的习惯和需求。它可以使学习更加自然、有趣和互动，有助于提高学生的学习兴趣和积极性。支持移动学习是许多学习管理系统的重要特点之一，这一特点对于英语学习来说尤其有益。

通过移动端支持，学生可以在任何时间、任何地点访问学习资源和完成任务。无论是在通勤路上、等候时间，还是在家庭和咖啡厅等非正式学习环境中，学生都可以利用移动设备学习英语。这大大增加了学习的便捷性和灵活性，使学习不再局限于固定的时间和地点。

移动设备特别适合进行英语的听力练习和口语练习。学生可以通过下载听力材料、播客、歌曲等资源，随时练习听力理解和模仿发音。某些应用还提供了语音识别和反馈功能，帮助学生纠正发音和提高口语表达能力。

通过移动端的数据追踪和分析，LMS 可以提供更个性化的学习体验。例如，系统可以根据学生的学习进度和表现推送适合的内容和练习，提醒学生完成任务和复习知识点，从而确保学习的连续性和针对性。

总之，LMS 的移动端支持为英语学习提供了新的可能性和前景。通过打破时间和空间的限制，充分利用移动设备的特性和优势，它可以使英语学习更加灵活、有效和有趣。无论是自主学习还是课堂教学，移动学习都能为学生和教师提供更多的资源和工具，促进学习的深入和拓展。

三、在线资源的整合与使用

LMS 为教师和学生提供了一个集中的在线平台，可以方便地整合和使用各种在线资源，从而丰富教学内容，提升学习效果。以下是在线资源的整合与使用的几个关键环节。

（一）开放教育资源的选择与评估

开放教育资源（open educational resources，OER）在现代教育中发挥着越来越重要的作用，特别是在结合线上线下教学的背景下，它们为教师和学生提供了丰富的学习资源和灵活的学习方式。以下是关于 OER 的选择与评估的原则。

1. 内容的准确性

教师在选择开放教育资源时，必须确保所选资源的内容准确无误。任何错误的信息都可能误导学生，影响学习效果。因此，教师需要选择可信赖的资源，并根据需要进一步核实和修正内容。

2. 易理解性

教育资源必须以容易理解的方式呈现，以便学生能够充分吸收和掌握。教师在评估资源时，需要考虑文字、图表、示例等是否清晰明了，是否与学生的前置知识和学习能力相匹配。

3. 相关性

所选资源需要与教学目标和课程内容紧密相关。教师需要评估资源是否支持课程的核心概念和主题，是否符合教学大纲的要求，以便整合到课程中。

4. 适合学生的学习水平和需求

不同的学生可能具有不同的学习水平和兴趣。教师在选择资源时，应确保它们适合学生的学习水平，同时考虑资源是否能激发学生的兴趣和参与。

5. 可调整和组合的灵活性

开放教育资源通常允许教师自由调整和重新组合，以满足特定教学需求。教师可以根据课程的进展和学生的反馈，灵活使用和修改资源，以实现最佳的教学效果。

6. 法律和道德考虑

在使用开放教育资源时，教师还需要考虑版权和许可问题。虽然许多 OER 是免费和可重用的，但可能仍然受到某些使用限制。教师应了解并遵循相关的法律法规和道德规定。

7. 技术兼容性

教师还需要确保所选资源在技术上与学校的 LMS 或其他教学工具兼容，以便顺利地整合到课程中。

开放教育资源为教育提供了一个充满机遇的新领域，使教师能够访问和共享高质量的学习材料。通过认真评估和巧妙选择，教师可以利用这些资源为学生提供丰富、个性化和具有挑战性的学习体验，从而促进教育的创新和公平。

（二）教材和补充材料的在线定制

英语教学中，教材和补充材料的在线定制可以有助于提供更加富有针对性和引人入胜的学习体验。如何进行在线定制并将其应用于英语融合式课堂教学，可以从以下三个方面入手。

1.根据学习目标添加多媒体元素

英语教学不仅需要文字描述，还需要通过声音、图像和视频来展现语言的真实使用情境。教师可以添加和编辑与课程重点和难点相关的视频、动画和图表。例如，通过真实对话的视频来增强学生的听力理解，或使用动画来解释语法结构。

2.个性化教材内容

学生的英语水平和学习需求可能会有很大差异。教师可以在线定制教材，为不同水平的学生提供不同难度的阅读材料、听力练习和口语任务，确保每个学生都能在适合自己水平的挑战中取得进步。

3.加强文化背景介绍

语言学习不仅是语法和词汇的学习，还涉及文化背景的理解。教师可以整合与英语相关的文化、历史、社会等方面的资料，以多媒体形式展示，丰富学生的文化视野。

四、应用LMS和在线资源时教师与学生的角色转变

（一）教师的指导与组织

在传统课堂环境中，教师通常是知识的主要传递者。而在使用 LMS 和在线资源的环境中，教师的角色可能转向更多地指导和促进学习过程。

作为学习的指导者和组织者，教师需要清晰地向学生传达学习目标和期望，使他们了解自己需要达到的水平和标准。通过根据学生的学习水平和兴趣设计适合的学习任务和活动，教师确保学生能够在合适的挑战中不断进步。教师不仅要定期检查学生的学习进展，还要提供具体和及时的反馈，以便学生及时了解自己的进展并找到改进之处。此外，教师可以通过组织小组活动和项目来促进学生间的协作，确保每个人都参与其中并从中受益。教师应合理安排时间和资源，确保学生有足够的时间来理解和练习。整合不同类型的资源，如视频、文本和练习，能为学生提供全方位的学习体验。而创建积极、支持的学习环境则能鼓励学生提问和分享，促进学习的积极氛围。

（二）学生的主动参与和协作学习

在线学习环境鼓励学生自主选择和探索资源，追求自己的学习目标。学生不再仅仅是知识的接受者，而是变成了主动的参与者和探索者。

学生要积极参与教师组织的课堂活动和讨论，通过主动寻找机会练习和提问，能够不断提高自己的能力。除了课堂内的活动，学生还可以主动寻找额外的学习资源和练习，进一步加深对学科内容的理解和实践。在小组活动和项目合作中，学生需要学会倾听别人的意见并清晰地表达自己的想法。这样的沟通能力是促进集体合作和共同进步的关键。每个学生在项目中都要承担一部分责任，确保共同完成任务，这要求学生分工合作，共同分担责任。

总之，学生的主动参与和协作学习构成了一种积极、互动的学习方式。通过自主设置目标、积极参与课堂、主动寻找资源以及与同学间的良好沟通和合作，学生可以充分利用LMS 和在线资源的优势，实现更高效、深入的学习。

第二节 多媒体技术与互动性工具的应用

多媒体技术在教育领域的应用日益广泛，以其丰富多样的形式，如文字、声音、图像、视频等，能提升教学效果，而互动性工具能提高学生的课堂参与度，本节就围绕多媒体技术的特点、类型及其应用策略展开讨论。

一、多媒体技术概述

（一）多媒体技术的分类与特点

多媒体技术是指利用计算机和通信技术将不同媒体形式（如文字、声音、图像、视频等）集成在一起，通过同步或交互方式呈现给用户的技术。它不仅可以用于娱乐和艺术领域，也广泛应用于教育、培训、广告、游戏等各个领域。

1.多媒体技术的主要分类

（1）文字

文字是多媒体技术中最基本的媒体形式之一。通过文字，可以传递丰富的信息和知识。在多媒体应用中，文字通常用于呈现教学内容、解说、交互提示等。

（2）声音

声音是另一种常见的多媒体形式。它可以是背景音乐、教师的讲解、学生的发言，也可以是特效音效等。声音的使用可以增强信息的表达和学习体验，特别是在语言学习、音乐教育和故事讲解等方面。

（3）图像

图像包括静态图像和动态图像（动画）。静态图像可以是图片、照片、图表等，用于展示信息、场景和概念。动态图像则可以是教学演示、模拟实验等，增加了教学的生动性和趣味性。

（4）视频

视频是由连续的图像帧组成的多媒体形式。在教育中，视频广泛用于演示实验、讲解复杂概念、展示场景等。它可以提供直观的视觉效果，使学习更加形象和易于理解。

2.多媒体技术的特点

（1）信息丰富

多媒体技术可以同时包含多种媒体形式，以不同的方式传递信息，使得内容更加丰富多样。

（2）交互性

多媒体技术支持用户与内容之间的交互，让学习者能够主动参与，根据自己的需求和兴趣探索学习内容。

（3）生动形象

通过图像和视频等形式，多媒体技术可以将抽象概念变得更加具体和形象，增强学习效果。

（4）自主学习

多媒体技术可以为学习者提供自主学习的环境和资源，使得学习不再受时间和空间的限制。

（5）可视化表达

通过多媒体技术，教学内容可以以图像和视频等形式直观地呈现，帮助学生更好地理解和记忆。

（二）多媒体在英语教学中应用的历史

多媒体在英语教学中的应用历史可以追溯到 20 世纪末。20 世纪 90 年代初期，计算机技术和数字媒体技术逐渐发展，多媒体开始进入英语教学领域。最初的多媒体教学软件主要是基于 CD-ROM 的，通过图像、声音和文字来呈现英语学习内容。

随着互联网的普及，多媒体技术在英语教学中的应用迈入了一个新阶段。网页上的多媒体教学资源、在线课程和教学视频等开始成为学习者获取英语学习材料和知识的重要途径。

进入 21 世纪，交互式多媒体教学开始兴起。教育软件和在线教学平台允许学习者通过与内容的互动，实现更加个性化和自主的学习体验。同时，英语教学中的多媒体资源逐渐丰富，包括在线词典、发音库、英语学习游戏等。

而随着智能手机和平板电脑的普及，移动多媒体应用开始在英语教学中崭露头角。移动应用和学习平台的出现，使得学习者能够随时随地进行英语学习，打破了传统学习场所的限制。

总体而言，多媒体技术的应用为英语教学带来了许多机遇和挑战。它为学生提供了更加丰富多样的学习资源，提高了学习的趣味性和互动性，同时也需要教师在教学设计和使用多媒体工具上具备一定的技术和教学能力。随着科技的不断进步，多媒体技术在英语教学中的应用将持续推进，为学生的语言学习提供了更好的支持。

（三）多媒体教学设计原则

在英语教学中，多媒体教学设计应该遵循以下原则，以确保教学有效、吸引学生注意力、提高学习效果。

1.明确目标原则

确保多媒体教学内容与教学目标紧密对齐。每个多媒体元素（文字、声音、图像、视频等）都应有明确的教学目的，有助于学生理解和掌握英语知识和技能。

2.适度性原则

避免过度使用多媒体内容，以免分散学生注意力，造成信息过载。选择恰当的多媒体元素，使其与教学内容相辅相成，帮助学生更好地理解和消化知识。

3. 精炼性原则

确保多媒体教学内容简洁明了，避免内容过于烦琐，关注重点和核心概念。简明扼要的内容更容易被学生理解和记忆。

4. 多样化原则

结合文字、声音、图像、视频等多种表现形式，使得学习内容更加生动、多样，满足不同学生的学习需求和学习风格。

5. 互动性原则

增加互动元素，鼓励学生积极参与，如在线测验、交互式练习、讨论板等。通过互动，鼓励学生的参与和主动学习。

6. 持续性原则

多媒体教学设计应该是一个不断改进和优化的过程。教师应该收集学生反馈，了解他们的学习体验，并根据反馈进行适时的调整和改进。

通过遵循上述多媒体教学设计原则，教师可以更好地利用多媒体技术来促进学生的学习，提高教学效果，培养学生的英语交际能力和综合运用能力。

二、互动性工具的选择与设计

（一）互动性工具的定义

互动性工具是指那些能够促进用户与内容之间相互交流、参与和反馈的工具。在教育和学习领域，互动性工具被广泛应用于教学和培训过程中，旨在增加学生的主动参与，提高学习效果和学习动机。

这些工具可以包括软件应用、在线平台、互动设备等，通过文字、声音、图像、视频等形式，使学习者能够与内容进行实时互动，参与讨论、解答问题、完成练习等。互动性工具不仅可以在传统课堂环境中使用，也适用于远程教学和在线学习，为学习者提供更加灵活和个性化的学习体验。通过互动性工具，教师可以更好地了解学生的学习进展和困难，提供及时的反馈和指导。同时，学生也可以通过与教师和同学的互动，分享观点、交流经验，促进学习效果的共同提升。

（二）互动性工具介绍

互动性工具可以在教学中发挥积极的作用，帮助教师创造更加活跃和有趣的学习环境，促进学生的主动参与和深度学习。根据不同的教学需求和学生群体，教师可以选择适合的互动性工具来增强教学效果。下面就对几种常见的互动性工具进行简单介绍。

1. 互动白板

互动白板是一种数字化的教学工具，通常在电子白板或投影仪上展示。教师可以使用触摸笔或手指来书写、绘画和标注内容，类似于传统白板的功能。但与传统白板不同的是，互动白板还支持多媒体元素的插入，如图像、视频、音频等。学生可以通过互动白板参与教学过程，回答问题，参与课堂活动，与教师共同探讨和解决问题。

2. 投票工具

投票工具是一种用于实时收集学生意见和回答问题的工具。通常，投票工具会在学生设备上展示一个问题或选项，学生可以通过电子设备（如手机、平板电脑）选择答案，然后结果会在屏幕上实时显示。这样的工具可以帮助教师快速了解学生对问题的看法并了解学生的学习情况。同时，投票工具也可以用于开展小组竞赛和游戏，增加课堂趣味性。

3. 讨论板

讨论板是一种在线平台，用于学生在教学过程中发表意见、提问、回答问题以及互相交流。学生可以在讨论板上发表文字、图像、链接等内容，与教师和同学进行讨论。教师可以设立不同的话题，引导学生参与讨论，提供学习资源和指导。讨论板为学生提供了更多的时间和空间，使他们可以充分思考和表达自己的观点，促进深入学习和批判性思维。

4. 即时消息工具

即时消息工具是一种通过网络传输实时信息的应用程序。例如，聊天软件或教学平台中的即时消息功能，它允许用户在任意时间、任何地点与其他用户进行即时交流。在教学领域中，即时消息工具被广泛应用于学生和教师之间的沟通和互动。即时消息工具允许学生和教师在课堂之外实时交流。学生可以随时向教师提问、寻求帮助或分享学习心得。教师可以及时回复学生的问题，提供指导和解答。

值得注意的是，尽管即时消息工具在教学中具有许多优势，但教师应该合理规划自己的时间，避免在非工作时间过多地回复学生消息，以确保自己的工作和生活平衡。同时，教师也应该鼓励学生在适当的时间使用即时消息工具，避免过度依赖这种沟通方式，保持一定的自主学习能力。

5. 在线问答平台

学生在学习过程中可能会遇到各种问题和困惑。通过在线问答平台，他们可以随时提出问题，不需要担心打扰他人或时间限制。教师或其他同学可以及时回答问题，帮助学生解决疑惑。通过在线问答平台，学生可以进一步深入学习和探讨学习内容。他们可以提出更具深度和挑战性的问题，从而拓展自己的知识面。

一些常见的在线问答平台包括在线教学平台、课程论坛、学校教学网站等。这些平台可以是公开的，也可以是课程内部的专用平台。无论是哪种形式，在线问答平台都为学生提供了一个重要的学习资源，有助于提高学生的学习效果和学习体验。同时，教师在回答学生问题时，也可以对学生的学习情况有更深入的了解，并及时调整教学策略，以更好地满足学生的学习需求。

（三）提高学生参与度的方法

在英语融合式课堂教学中，利用互动性工具可以有效地提高学生参与度，让学生更积极地参与到教学活动中。以下是一些可以帮助教师提高学生参与度的方法。

1.创设交互式问答形式

使用投票工具或在线问答平台，让学生在课堂中回答问题或提出问题。教师可以即时看到学生的回答，并进行即时反馈。这种形式能激发学生的兴趣，增加学生的参与感。

2.创设游戏化学习环境

将学习内容设计成游戏形式，如学习竞赛、教学游戏等。学生可以在游戏中积累分数或奖励，增加学习的乐趣和动力。

3.利用互动白板和共享屏幕

使用互动白板或共享屏幕，让学生和教师共同参与解决问题、讲解概念、合作作业等。学生可以直接在白板上书写、绘画，增加学习的互动性和生动性。

4.开展小组讨论和合作学习

利用讨论板、在线合作平台等工具，组织学生进行小组讨论和合作学习。学生在小组中共同探讨问题、完成任务，培养合作精神和团队意识。

5.进行角色扮演和模拟

在某些主题或场景中，让学生扮演角色，进行模拟演练。这可以让学生更加深入地理解问题和情境，并增加学习的趣味性。

6.鼓励学生自主学习

利用互动性工具提供学习资源和练习，鼓励学生在自己的时间里进行自主学习。学生可以根据自己的兴趣和节奏选择学习内容。

综合运用这些方法，教师可以有效提高学生的参与度和积极性。在教学中激发学生的主动参与和兴趣对于提高教学效果和学生学习成效非常重要。

三、多媒体教学应用策略

在英语融合式课堂教学中，多媒体素材的选择和开发是至关重要的，它们能够提供生动、丰富、互动的学习体验，增强学生对英语学习的兴趣和参与度。

（一）多媒体素材的选择策略

面对纷杂的素材资源，在英语融合式课堂教学中，教师可以运用以下策略对多媒体素材进行选择。

1.教学目标和内容导向

多媒体素材的选择应该与教学目标和内容相一致。素材必须能够有效地支持课堂教学的重点和目标，帮助学生掌握所需的英语知识和技能。

2.了解学生学习需求

了解学生的学习需求和兴趣是重要的。教师可以通过调查问卷、讨论和反馈等方式，了解学生对不同类型的多媒体资源的喜好和需求。

3.保证多媒体素材的多样性和丰富性

多媒体素材应该具有多样性和丰富性，包括文字、声音、图像、视频等多种形式。这样能够满足不同学生的学习风格和需求。

4. 确保可信性和适宜性

确保选择的多媒体素材来源可信，内容准确无误。同时，素材的内容和表现形式应该适宜学生的年龄、背景和文化。

5. 开源与付费资源的评估与选择

开源资源通常是免费提供的，但教师需要仔细评估其质量和适用性。开源资源可能来自不同的渠道，因此，要确保资源的可信性和版权合法性。付费资源通常提供更高质量的内容和更多功能。教师在选择付费资源时，需要根据实际需求和预算进行评估，确保资源的性价比和教学效果。

（二）自主开发多媒体素材的技术与工具

除了网络上的资源，教师也可以利用各种工具，自主开发多媒体素材。自主开发多媒体素材在教学中具有以下两点优势。

首先，教师可以根据教学目标和学生需求量身定制教学内容，确保素材的准确性和适宜性。自主开发的多媒体素材也具有原创性和独特性，使得教学更加生动有趣，激发学生的学习兴趣。同时，教师可以灵活地适应不同的教学场景和学习需求，根据教学进度和学生理解情况调整和优化素材，确保教学效果最佳。

其次，自主开发的多媒体素材可以更好地符合教师的教学风格和个性，增加教学的亲切感和个性化，增强师生之间的互动和情感联系。教师可以根据当地文化和背景，开发符合学生实际生活的多媒体素材，增强学生对学习内容的认知和理解。通过多媒体素材的创新运用，教师可以创造更具吸引力和互动性的学习体验，激发学生学习的积极性和主动性。

此外，自主开发多媒体素材还使教师能够更好地掌握教学进度和内容，根据学生的学习情况及时进行调整和反馈。教师通过自主开发多媒体素材，还能节约购买商业资源的成本，同时也减少了版权和使用问题的困扰。

高校英语教师可以通过以下途径和工具自主开发多媒体素材。

1. 幻灯片制作工具

如 Microsoft PowerPoint 和 WPS 可以用于制作文本、图像、音频和视频等多媒体幻灯片，以呈现课程内容。

2. 视频编辑软件

如剪映、快影等，可用于剪辑、编辑和制作教学视频，使其更具吸引力和有效性。

3. 图片处理工具

如 Adobe Photoshop 或美图秀秀，可用于编辑和处理图像，增强视觉效果和清晰度。

4. 音频编辑软件

如 Audacity，可用于编辑和处理音频素材，以确保音频的清晰和质量。

自主开发多媒体素材具有灵活性和创造性，教师可以根据教学目标和学生需求量身定制，使其与课程内容紧密结合，提高学习效果。

总之，在英语融合式课堂教学中，选择适合的多媒体素材以及灵活运用开源和付费资源，再加上自主开发多媒体素材的技术与工具，都是教师提高学生参与度和教学效果的关键策略。这些多媒体素材的运用将为学生提供更丰富多样的学习体验，帮助他们更好地掌握英语知识和技能，提高其学习动力和学习效率。

（三）多媒体教学的有效组织与管理策略

在融合式课堂中，多媒体教学的有效组织与管理对于提高学生的学习效果和参与度至关重要。

1. 教师的角色与责任

第一，教师应该充分了解学习内容和教学目标，根据学生的特点和学习需求，精心设计多媒体教学活动和教材。同时，教师需要提前准备教学所需的多媒体素材和技术设备，确保教学顺利进行。

第二，教师应熟练掌握多媒体技术，灵活运用多媒体素材和工具，使教学内容更加生动、直观。教师要确保多媒体设备的正常运作，避免技术故障影响教学效果。

第三，教师应当积极引导学生参与多媒体教学活动，鼓励学生提问、讨论和互动。通过及时的反馈和指导，帮助学生解决问题，激发学生的学习兴趣和动力。

第四，教师要组织好多媒体教学资源，确保教学内容的丰富和多样性。同时，教师要对多媒体资源进行筛选和评估，确保其质量和适用性。

2. 学生的自主学习与小组合作的促进

（1）设计自主学习任务

教师可以设计自主学习任务，鼓励学生在多媒体教学环境下主动探索和学习。例如，让学生通过在线平台自主学习课外资料、参与讨论，或完成个性化的学习任务。

（2）小组合作与讨论

教师可以组织学生进行小组合作学习，通过讨论、合作项目等形式，促进学生之间的交流与合作。在小组合作中，学生可以相互学习、讨论和解决问题，增加学习的深度和广度。

（3）学生反馈与分享

教师可以鼓励学生互相分享学习心得和经验，促进学生之间的学习交流。同时，教师也要关注学生的反馈意见，及时调整教学策略，满足学生的学习需求。

（4）鼓励创新与探索

教师要鼓励学生在多媒体教学中进行创新和探索，鼓励学生尝试新的学习方法和工具，培养学生的学习兴趣和学习动力。

通过有效组织与管理多媒体教学，教师可以发挥积极的引导作用，帮助学生充分利用多媒体资源，主动参与学习，提高学习效果和学习质量。同时，通过促进学生的自主学习和小组合作，教师能够培养学生的学习能力和合作精神，为学生的综合发展奠定坚实的基础。

（四）多媒体教学的可访问性和包容性

多媒体教学的可访问性和包容性是确保每位学生都能够平等参与和受益于教学活动的重要方面。在设计和实施多媒体教学时，教师应该考虑多元化学生群体的需求，并为有特殊需求的学生提供支持。

1.多元化学习资源

教师应该提供多样化的多媒体学习资源，包括文字、图像、声音和视频等形式。这样有助于满足不同学生的学习风格和需求。例如，对于视觉障碍的学生，可以提供音频资料或文字描述，对于听觉障碍的学生，可以提供图像或视频资料。

2.增加字幕和文本说明

对于视频和音频内容，应提供字幕和文本说明，以便有听觉障碍的学生能够理解内容。这也有助于所有学生更好地理解和记忆学习内容。

3.使用无障碍技术

多媒体教学平台和工具应具备无障碍功能，以确保学生能够方便地访问和使用。例如，使用屏幕阅读器和语音操控技术，帮助视觉障碍学生浏览网页和学习资源。

4.个性化学习支持

教师应了解每位学生的特殊需求，并为他们提供个性化的学习支持。这可能包括提供额外的学习资料、适当的学习工具和辅助技术，以满足他们的学习需求。

5.鼓励学生自主学习

教师应鼓励学生主动表达自己的学习需求，主动寻求帮助和支持。同时，教师也要营造一个包容性的学习环境，让学生感到安心和受尊重。

6.合作学习与互助支持

通过小组合作学习和互助支持，可以帮助学生相互促进、相互学习。有特殊需求的学生可以得到同伴的支持和帮助，更好地适应多媒体教学。

7.持续反馈和调整

教师应不断收集学生的反馈意见，并根据学生的需求和反馈对教学进行调整和改进。这样可以不断优化教学设计，提高教学的包容性和有效性。

通过考虑多元化学生群体的需求，并为有特殊需求的学生提供支持，多媒体教学可以更好地满足学生的学习需求，增强学生的参与度和学习体验。在包容性的学习环境中，每个学生都有机会发挥自己的潜力，取得学习上的成功。这不仅有助于学生的学习成果，还能培养学生的包容性和尊重他人的价值观。

（五）技术与教学环境的适应性考虑

在多媒体教学中，考虑技术与教学环境的适应性非常重要，特别是要确保多媒体素材在不同设备和平台上的适用性，以及在不同教学环境下的有效教学策略。以下是具体的方法和策略。

1.适应不同设备和平台的多媒体格式选择

（1）多格式兼容性

选择广泛支持的多媒体格式，以确保素材在不同设备和平台上都能正常播放。常见的格式如MP4、MP3、JPEG、PNG等，通常都能在各种设备上播放。

（2）响应式设计

使用响应式设计的多媒体素材，使其能够根据不同设备的屏幕大小和分辨率自动调整布局和显示效果，提供更好的用户体验。

在多媒体教学中，响应式设计的应用非常重要，因为学生可能使用各种不同类型和尺寸的设备进行学习，如台式电脑、笔记本电脑、平板电脑、智能手机等。通过响应式设计，教师可以确保学生在任何设备上都能够顺利访问和学习多媒体素材。例如，对于视频素材，在较小的屏幕上，可以将播放器调整为全屏模式，使学生能够更清楚地观看视频内容。对于图片素材，可以使用自适应布局，使图片在不同屏幕上自动调整大小，确保图片的显示不会被截断或变形。

（3）轻量化优化

对于在移动设备上播放的多媒体素材，可以进行优化，减少文件大小和加载时间，提高播放效率。

2.课堂与远程学习环境下的教学策略

在传统课堂教学中，教师可以通过多媒体投影仪或互动白板展示多媒体素材，配合教学解释和讲解。教师可以鼓励学生在课堂上参与互动、提问和讨论，促进学习的深入。而在远程学习环境中，教师可以使用在线教学平台、视频会议工具等，提供多媒体教学内容和互动机会。教师要注意使用适合远程学习的多媒体工具，保持学生的参与度和注意力。无论是课堂教学还是远程学习，教师都可以提供多媒体学习资源，鼓励学生在自己的时间里进行自主学习。学生可以通过在线平台、视频讲座等途径独立学习和复习课程内容。因此，为了提升多媒体技术的应用效果，教师应对多媒体素材提供多种访问方式。

（1）离线下载

在远程学习环境中，为学生提供多媒体素材的离线下载选项，可以增加学习的便利性和可访问性。通过离线下载，学生可以在没有网络连接的情况下继续学习，无须担心网络信号不稳定或无法访问学习资源的问题。这样的措施对于那些生活在网络信号不稳定地区或在没有持续网络连接的情况下进行学习的学生尤为重要。

离线下载还可以节省学生的流量消耗和数据费用。在移动学习环境中，许多学生使用移动数据来访问学习资源，而数据流量可能是有限的。提供离线下载选项，学生可以在Wi-Fi环境下下载所需的多媒体素材，然后在离线状态下学习，避免了在实时联网时消耗过多的数据流量，降低了学习成本。

离线下载还可以增加学习时间的灵活性。学生可以在任何时间下载素材，并在需要的时候进行学习。不再受制于网络连接，学生可以根据自己的学习计划和时间进行学习，提供了更加灵活和自主的学习安排。

（2）多渠道传递

多媒体素材在教学中的传递渠道是多样化的，教师可以通过多个途径将这些资源传递给学生。

例如，可以将多媒体素材上传到教学平台，并根据课程安排和指导让学生访问和学习这些素材。也可以通过电子邮件向学生发送多媒体素材的链接或附件，方便学生直接访问和下载。还可以利用微信、微博、QQ群等社交媒体平台，与学生进行交流和共享多媒体素材。这样的传递方式增强了学生与教师之间的互动，也使学生可以更轻松地访问和分享素材。

通过多个传递渠道，教师可以更好地满足学生的学习需求和习惯。不同的学生可能有不同的设备偏好、使用习惯和上网方式，提供多样化的传递途径可以让学生更加灵活地获取学习资源，提高了学习的便捷性和自主性。同时，教师也可以根据学生的反馈和使用情况，调整和优化多媒体素材的传递方式，提供更好的学习体验和教学效果。

第三节　虚拟现实与增强现实技术的教学应用

虚拟现实与增强现实技术正在逐渐渗透到教育领域，并为教学带来了前所未有的可能性。特别是在语言学习，如英语教学中，这些技术的应用为学生提供了更生动、身临其境的学习体验。本节将对虚拟现实与增强现实技术进行详细介绍，分析它们在英语教学中的潜能与应用策略，从而更好地利用这些先进技术促进学生的学习和发展。

一、虚拟现实与增强现实技术的介绍

（一）虚拟现实

虚拟现实（virtual reality，VR）是一种通过计算机技术创建的模拟虚拟环境，使用户能够身临其境地感受并与其中的虚拟内容进行交互的技术和体验。

虚拟现实的概念最早出现在20世纪60年代，但真正的发展始于20世纪80年代。Jaron Lanier被认为是虚拟现实的先驱之一，他在1987年创建了首个商业化虚拟现实公司VPL Research，推出了首个头戴式显示器及手柄设备。从那时起，虚拟现实技术逐渐发展，吸引了越来越多的研究和投资。

然而，在20世纪90年代中期，虚拟现实经历了一次所谓的"虚拟现实寒冬"，技术进展缓慢，市场需求不高。直到近年来，随着计算机性能、图形处理能力、传感器技术等的显著提升，虚拟现实再度受到关注，并在娱乐、游戏、教育、医疗等领域取得了显著进展。

虚拟现实的设备和技术主要包括以下五个方面。

（1）头戴式显示器（HMD）

是最常见的虚拟现实设备，将显示屏放置在使用者的眼前，使其可以看到虚拟场景。HMD 通常带有内置的传感器，用于追踪使用者头部的移动，从而实现头部追踪。

（2）手柄控制器

用于在虚拟场景中模拟用户的手部动作和交互。这些手柄通常具备触觉反馈和运动追踪功能，让用户在虚拟世界中可以与虚拟物体进行交互。

（3）追踪技术

用于追踪用户在真实世界中的动作和位置，将其实时映射到虚拟环境中。追踪技术可以包括光学追踪、惯性追踪、激光追踪等。

（4）虚拟现实引擎

是虚拟现实应用程序的核心，用于生成和渲染虚拟环境。这些引擎允许开发者创建虚拟世界、物体和角色，实现图形渲染、物理模拟、声音效果等。

（5）虚拟现实内容

包括虚拟世界中的场景、角色、交互元素等。这些内容是虚拟现实体验的关键，可以通过 3D 建模、动画制作等技术来实现。

虚拟现实具有以下五个主要特点。

（1）沉浸式体验

用户通过虚拟现实设备进入虚拟环境，感觉仿佛置身于其中，完全沉浸在虚拟世界中，脱离现实环境。

（2）交互性

虚拟现实技术允许用户与虚拟环境中的物体、角色进行实时交互，增强了用户的参与感和控制感。

（3）多感官体验

虚拟现实通过模拟用户的视觉、听觉、触觉等多个感官，使用户能够更加真实地感受虚拟世界。

（4）虚实结合

虚拟现实技术将虚拟世界和现实世界结合起来，可以在现实场景中叠加虚拟内容，如增强现实。

（5）应用广泛

虚拟现实技术不仅用于娱乐和游戏，还在教育、培训、医疗、建筑、军事等领域得到应用，拓展了虚拟现实的用途和潜力。

总体而言，虚拟现实技术正在不断演进，为人们带来更加身临其境的体验，同时也在各个领域为创新和发展带来新的机会和挑战。

（二）增强现实

增强现实（Augmented Reality，AR）通过在真实环境中叠加虚拟信息和内容，将真实世界和虚拟世界融合在一起，使用户能够同时感知并与现实世界和虚拟内容进行交互。AR 技术通过计算机视觉、传感器和显示技术等手段，将虚拟图像、视频、声音或其他感知元素叠加到用户的视野中，以增强用户对现实世界的认知和体验。

增强现实的概念最早起源于 20 世纪 60 年代。Ivan Sutherland 在 1968 年设计了首个增强现实系统"虚拟显示器"（sword of damocles），虽然该系统非常原始，但标志着增强现实技术的开端。随着计算机技术和图形处理能力的不断进步，增强现实在 20 世纪 90 年代逐渐得到更多关注。

随着智能手机和平板电脑的普及，增强现实开始进入大众视野。2009 年，苹果公司推出了首个支持 AR 技术的移动设备——iPhone 3GS，使得增强现实应用程序（如 AR 浏览、AR 游戏）开始出现。自此以后，增强现实技术不断演进，涌现了许多应用，如 AR 导航、AR 教育、AR 营销等，拓展了增强现实的应用领域。

增强现实的设备和技术主要包括以下六个方面。

（1）智能手机和平板电脑

智能手机和平板电脑上的 AR 应用程序通过摄像头和陀螺仪等传感器获取现实世界的信息，并将虚拟内容叠加在屏幕上。

（2）头戴式显示器（AR HMD）

类似于虚拟现实设备的头戴式显示器，但增强现实 HMD 允许用户看到现实世界，同时在用户视野中显示虚拟内容。

（3）AR 眼镜

专门设计用于增强现实的眼镜，比如谷歌推出的 Google Glass 和微软的 HoloLens 等，可以直接将虚拟内容投射到用户的视野中。

（4）计算机视觉技术

用于实时识别和跟踪现实世界中的物体和环境，使得虚拟内容可以与现实场景相互交互。

（5）视觉投影技术

用于在真实世界中投影虚拟图像，创造增强现实体验。

（6）位置追踪技术

用于获取用户在现实空间中的位置和方向信息，使得虚拟内容能够准确地叠加在现实环境中。

增强现实具有以下五个主要特点。

（1）真实世界与虚拟世界融合

增强现实将虚拟内容与真实环境结合，使用户可以同时感知现实世界和虚拟内容，与虚拟对象进行交互。

（2）实时性

增强现实技术可以实时地识别现实环境并叠加虚拟内容，使得用户在现实场景中能够立即体验到增强效果。

（3）交互性

用户可以与虚拟内容进行实时互动，通过手势、语音、触摸等方式操控虚拟对象。

（4）多领域应用

增强现实技术被广泛应用于教育、娱乐、游戏、工业、医疗、营销等领域，为用户提供更丰富的体验和更高效的信息呈现方式。

（5）潜在的教育价值

增强现实可用于创造更具互动性和沉浸感的教育体验，使学习过程更加生动有趣。

（三）虚拟现实与增强现实的关系

增强现实和虚拟现实是两种不同的技术，但它们都与计算机图形和模拟技术相关，并在创造沉浸式体验方面有共通之处。然而，它们在用户体验、应用场景和技术实现上存在着显著的区别。

1.用户体验

虚拟现实技术创造了一个完全虚拟的环境，用户戴上头戴式显示器后，几乎无法感知现实世界，完全沉浸在虚拟世界中。用户的视觉、听觉和触觉等感官都被虚拟世界所主导，让用户有一种仿佛置身其中的感觉。增强现实技术将虚拟内容与真实世界相叠加，用户通过设备（如 AR 眼镜或智能手机）看到现实场景，同时还能看到叠加在其上的虚拟信息。用户保持对现实环境的感知，同时与虚拟内容进行交互，实现现实与虚拟的融合。

2.应用场景

虚拟现实主要应用于娱乐、游戏、虚拟体验等领域。用户可以在虚拟环境中体验与现实不同的场景和情境，如探险、冒险、游戏世界等。增强现实技术更多地应用于实际场景中，如教育、培训、工业、医疗、建筑、导航等领域。AR 可以为用户提供实时的信息叠加和互动体验，使得用户在现实场景中得到增强的辅助信息。

3.技术实现

虚拟现实通常依赖于头戴式显示器等硬件设备，用于在用户眼前显示虚拟世界。同时，VR 需要强大的计算能力和图形处理技术来实时渲染复杂的虚拟场景。而增强现实技术依赖于计算机视觉技术、传感器技术和显示技术，通过计算机视觉技术识别和跟踪现实世界中的物体，然后将虚拟内容叠加到用户视野中。AR 设备需要能够实时获取和处理现实环境的信息，并显示虚拟内容。

虽然 AR 和 VR 有各自的特点和应用场景，但它们也有一些交叉点。例如，混合现实（Mixed Reality，MR）结合了 AR 和 VR 的元素，既可以在现实场景中叠加虚拟内容，也可以创造完全虚拟的环境。随着技术的不断发展，AR 和 VR 之间的边界可能会进一步模糊，同时也将为用户带来更加丰富和多样化的体验。

二、虚拟现实与增强现实在英语融合式课堂教学中的潜能

虚拟现实与增强现实技术在英语融合式课堂教学中具有广阔的应用前景。这些技术的运用不仅赋予教学过程新的活力，还增强了学生的参与感和学习效率。

（一）模拟真实场景的沟通训练

虚拟现实在模拟真实场景的沟通训练中展现出其强大的潜力，为英语学习带来了前所未有的沉浸式体验。

1. 真实性的模拟

通过虚拟现实，学生可以进入一个由计算机生成的三维环境中，此环境可完全模拟真实世界的商务会议、旅游景点、日常聊天等场景。这样的真实感使得学生能够在没有离开教室的情况下体验到身临其境的交流环境。

2. 与虚拟角色的互动沟通

在虚拟现实中，学生可以与虚拟角色进行互动沟通。这些虚拟角色可能是模拟的商务伙伴、旅游导游或日常生活中的人们。与这些虚拟角色的沟通让学生在安全的环境中练习实际沟通技巧，而无须担心真实世界中可能的尴尬和失败。

3. 沉浸式体验消除学习障碍

对许多学习英语的学生来说，恐惧和紧张可能是阻碍他们开口说英语的重要障碍。通过虚拟现实的沉浸式体验，学生可以在无压力的环境中练习，从而更容易克服这些心理障碍。

4. 增强语言信心和实际运用能力

在虚拟现实中练习语言沟通能够增强学生的语言信心和实际运用能力。随着与虚拟角色沟通的次数增加，学生能够更好地理解语境中的语言运用，提高他们的听说能力，以及在实际场景中的运用能力。

5. 个性化训练

虚拟现实环境可以根据每个学生的水平和需求进行调整，提供个性化的训练。教师可以选择或设计适合每个学生的虚拟场景和任务，从而更精准地满足学生的学习需求。

虚拟现实在模拟真实场景的沟通训练中为英语教学提供了一个富有创造力和高度逼真的训练平台。它突破了传统教学的局限，使学生能够在逼真的环境中练习和锻炼英语沟通技巧，有助于培养他们的实际语言运用能力，提高学习的积极性和效率。

（二）文化背景的深入体验

文化背景的深入体验通过增强现实技术实现，这项技术能够将虚拟信息叠加到现实世界中，让学生在感受英语文化的同时，也能够亲身接触和理解文化背景。

1. 增强文化理解

通过增强现实技术，学生可以更直观地了解英语文化的复杂性和多样性。例如，在欣赏伦敦街头景物时，叠加的虚拟信息可以提供有关建筑、艺术、历史和社会习俗的丰富背

景。这不仅增强了学生对英语国家文化的认识，还促使他们从更宽广的视角思考语言和文化的关系。

2. 提供互动体验

增强现实允许学生与虚拟信息进行互动，提供一种参与式的学习体验。学生可以通过点击、拖动等动作，深入探索文化现象，如食物、音乐、服饰等，从而更深入地了解和欣赏英语文化的独特之处。

3. 支持跨文化沟通

通过模拟不同的文化场景，增强现实有助于培养学生的跨文化沟通技能。他们可以在模拟的商务或社交环境中练习与来自不同文化背景的虚拟人物沟通，学会理解和适应不同文化背景下的沟通规则和礼节。

4. 弥补实地考察的限制

由于地理、经济等因素，学生可能无法亲自访问英语国家进行文化体验。增强现实技术提供了一种虚拟旅行的方式，使学生能够在教室里就能"游览"英国、美国等地的重要文化地标，体验当地的风俗习惯。

三、教学设计与实施

（一）教学目标与内容的选择

在使用虚拟现实与增强现实技术进行英语教学时，明确教学目标与内容的选择是关键的第一步。这包括以下三个方面。

1. 明确教学目标

当教师计划使用虚拟现实和增强现实技术进行英语教学时，明确教学目标是关键的第一步。目标应该是明确、具体、可衡量的，并与所使用的技术紧密相联。

例如，如果教学目的是提高学生的口语能力，可以设计模拟的交流场景，让学生在虚拟环境中与虚拟角色对话，练习实际沟通技巧。若目标是提高听力理解，可以使用虚拟现实来模拟不同的听力环境，如会议、讲座等，让学生在多样化的情境中锻炼听力。或者教学目的是让学生更深入地理解目标语言的文化，可以利用增强现实来展示特定文化的风俗习惯、历史背景等。也可以将上述目标综合，创建一个完整的虚拟场景，让学生在其中实践听、说、读、写等综合语言技能。

通过清晰地定义教学目标，教师可以更有针对性地选择和使用虚拟现实和增强现实技术，确保技术的引入能够真正服务于教学需求，提高教学效果，增强学生的学习体验。

2. 选择适合的内容

选择与教学目标相匹配的内容不仅是确保技术成功应用的关键，还是提高学生参与度和学习效率的重要因素。以下是一些选择适合内容的策略。

（1）与学生水平相匹配

内容的难易度应与学生的学习水平相匹配。过于简单的内容可能会让学生感到无聊，而过于复杂的内容可能会让学生感到挫败。教师可以通过诊断性评估来了解学生的学习水平，并据此来选择合适的内容。

（2）符合学生兴趣

选择与学生兴趣和需求相符合的内容可以增加学生的参与度。例如，可以通过问卷调查来了解学生对何种文化或主题感兴趣，并据此设计虚拟现实或增强现实的内容。

（3）提供多样化的体验

可以通过多样化的虚拟场景和互动元素来丰富学生的学习体验。例如，模拟不同的文化背景和社交场景可以让学生在多种情境中练习语言。

（4）确保教育价值

在追求趣味和吸引力的同时，内容还应具有明确的教育价值。教师需确保虚拟现实和增强现实的内容不仅引人入胜，还能有效推动学生朝着教学目标前进。

内容的选择是一项细致且关键的工作，需要教师根据学生的水平、兴趣，以及课程的整体目标和结构来做出明智的决策。正确的内容选择不仅可以充分利用虚拟现实和增强现实的技术优势，还可以为学生提供有意义、富有挑战的学习体验。

3.整合课程大纲

教学的展开不应脱离课程的整体框架，而要与课程大纲、教学计划和其他教学活动紧密结合。

（1）识别核心目标和能力

通过仔细审查课程大纲，教师可以识别出与虚拟现实和增强现实技术最匹配的核心教学目标和能力领域。例如，如果课程强调口语和文化理解，那么可以专注于使用这些技术来模拟真实对话场景和文化体验。

（2）确保连贯性

虚拟现实和增强现实的内容应与其他教学活动和材料相互补充。例如，虚拟现实中的对话场景可以与课堂中的角色扮演和小组讨论相结合。

（3）灵活调整和适应

随着课程的进展和学生需求的变化，教师可能需要灵活调整虚拟现实和增强现实的内容和应用方式。这要求教师在规划和实施过程中保持敏感和反应迅速。

（4）评估和反馈

整合课程大纲还包括如何将虚拟现实和增强现实的活动纳入整体的评估和反馈体系。教师可以设计特定的评估工具来衡量学生在这些活动中的表现，以及这些表现反映在总体成绩中的比重。

（5）促进跨学科融合式学习

虚拟现实和增强现实技术可以作为跨学科学习的桥梁，帮助学生在语言学习中整合其他学科的知识和技能，如历史、地理、艺术等。教师可以与其他学科的教师合作，共同设计和实施项目。

（6）考虑资源和可行性

教师还需要考虑技术的可用性、学校的设备支持以及可能的预算限制等实际因素，确保技术的使用与课程的实际情况相匹配。

（二）学生参与和教师引导的策略

虚拟现实与增强现实技术为学生提供了沉浸式的学习体验，但成功的教学实施也需要教师精心设计参与和引导策略。

1. 激发学生兴趣

激发学生兴趣是成功教学的关键环节之一，尤其在利用虚拟现实和增强现实技术时，这一点尤为重要。以下是如何使用这些先进技术激发学生兴趣的一些具体方法。

（1）设计引人入胜的场景

通过创建生动、逼真的虚拟现实场景或增强现实体验，教师可以将学生带入一个全新的环境，让他们亲身体验。例如，可以让学生通过 VR 进入一个模拟的外国城市街道，进行语言和文化探索。

（2）连接到学生的兴趣和背景知识

教师可以选择与学生兴趣和背景知识相关的内容和主题，使虚拟和增强现实体验更加个人化和相关。例如，如果学生对历史感兴趣，可以使用 AR 技术让他们探索历史遗址和文物。

（3）增加互动元素

虚拟现实和增强现实技术提供了丰富的互动机会。教师可以设计互动任务和挑战，让学生在虚拟环境中积极参与。这些互动元素可以增强学生的参与感和沉浸感。

（4）提供自主选择

通过提供不同的虚拟场景和任务选项，学生可以根据自己的兴趣和目标选择适合自己的学习路径。这种自主选择有助于提高学生的学习动机和加大学生的学习投入。

（5）与现实世界的连接

教师可以将虚拟或增强的现实体验与现实世界的课堂活动和项目相结合。例如，学生可以先在虚拟环境中练习对话，然后在课堂上与同伴进行角色扮演。

（6）积极的反馈和认可

及时的反馈和认可可以进一步激发学生的兴趣和参与。教师可以设置虚拟勋章、积分等，以奖励学生在虚拟环境中的努力和成就。

2. 提供适时引导

虽然虚拟现实和增强现实技术为学生提供了丰富的自主学习体验，但教师的适时引导对于确保学生的学习效果至关重要。以下是一些教师可以采取的适时引导策略。

（1）监测学生进展

通过观察和监测学生在虚拟环境中的行为和反应，教师可以及时了解学生的学习进展和可能遇到的困难。

（2）设立明确指导点

在虚拟或增强现实学习任务的关键阶段，教师可以设置具体的指导点，确保学生在需要帮助的时候可以获得支持。

（3）提供个性化反馈

根据学生的个人需求和表现，教师可以提供有针对性的反馈和建议，帮助学生调整学习策略，提高效率。

（4）激发深层思考

教师可以通过提出具有挑战性的问题或引导学生反思虚拟或增强现实体验中的关键元素，促使学生深入思考和理解。

（5）协助技术操作

对于某些学生，新技术可能会带来操作上的困扰。教师的及时协助可以消除技术障碍，确保学习过程的流畅进行。

通过明确的教学目标和内容选择，以及精心设计的学生参与和教师引导策略，虚拟现实与增强现实技术能够成为英语融合式课堂教学的有力工具，增强学生的语言能力和文化理解，并提供更丰富、更有趣的学习体验。

四、技术挑战与伦理考虑

（一）硬件与软件的需求

当涉及虚拟现实和增强现实技术在教学中的应用时，硬件与软件的需求是必须要考虑的关键因素。

1.硬件需求

（1）设备兼容性和可用性

学校和教室必须配备适用于虚拟现实和增强现实应用的硬件设备，如特殊的 VR 头盔、AR 眼镜、感应设备等。这些设备必须与现有的教学系统兼容。

（2）设备成本

高质量的虚拟现实和增强现实设备可能相当昂贵。学校需要评估预算，并考虑如何在保持效益的同时降低成本。

（3）设备维护和更新

硬件设备需要定期维护和更新。这可能需要专门的技术人员和额外的预算支持。

（4）学生可访问性

需要确保所有学生都能访问和使用这些设备，尤其是在远程和混合学习环境下。

2.软件需求

（1）应用程序和内容选择

虚拟现实和增强现实教学需要特定的软件和内容。教师必须选择适合其教学目标和学生需求的程序。

（2）软件许可和购买

部分高质量的教育软件可能需要购买许可证。学校须在预算内考虑这些费用。

（3）数据安全和隐私

使用这些软件时必须确保学生的数据安全和隐私。学校和教师需要了解并遵守所有相关法规。

（4）技术支持和培训

教师和学生可能需要培训和持续支持，以熟练使用虚拟现实和增强现实软件和硬件。

（5）可用性和无障碍

软件需考虑所有学生的需求，包括有特殊需求的学生，确保无障碍访问。

综上所述，硬件与软件的需求是虚拟现实和增强现实技术在教育中应用的关键组成部分。适当的规划、选择和支持对于确保这些技术成功融入教学至关重要。虚拟现实和增强现实技术的引入不仅是一项技术挑战，还涉及教育、财务和伦理方面的复杂问题。这要求教育机构、教师、技术人员和其他利益相关方密切合作，共同解决可能出现的挑战。

（二）学生健康与隐私的保护

虚拟现实和增强现实技术在教育中的使用也带来了学生健康和隐私的关切。

在保护学生健康方面存在的问题包括以下三个方面。

（1）视觉健康

长时间使用 VR 头盔或 AR 眼镜可能会对学生的视力健康产生影响。教师和学校应确保合理的使用时间，并提供必要的休息时间。

（2）身体舒适与安全

使用 VR 和 AR 设备可能需要身体的移动和互动。合适的空间和设备设置是确保学生安全的关键。同时，对某些学生来说，这些体验可能会引发晕眩或不适。

（3）心理健康

虚拟的沉浸体验可能会对某些学生的心理健康产生影响。教师应了解学生的需求和反应，并在必要时提供支持。

在保护学生隐私方面存在的问题包括以下三个方面。

（1）个人数据保护

许多 VR 和 AR 应用可能需要收集和存储学生的个人数据。学校和教师需确保这些数据的安全存储和处理，并遵循所有适用的隐私法规。

（2）内容和互动的监控

虚拟环境中的互动可能需要监控和记录。学生、家长和教师需要清楚了解哪些信息会被记录以及如何使用，并确保适当的同意。

（3）第三方软件和服务

在使用第三方 VR 和 AR 软件和服务时，学校和教师必须了解这些公司的隐私政策，并确保它们符合学校的标准和法规要求。

总之,虚拟现实和增强现实技术在教学中的应用需要谨慎考虑学生的健康和隐私。通过合适的规划、沟通和执行,教育机构可以最大限度地降低这些风险,同时充分利用这些新技术为学生提供丰富和有吸引力的学习体验。对学生健康和隐私的敏感性和适当的管理不仅符合道德和法规要求,还有助于建立学生和家长对这些新技术的信任和接受度。

第七章 高校英语教育跨学科融合与综合能力培养

第一节 融合式课堂教学与跨学科教育的关联

在21世纪的信息时代，教育已经不再是孤立、线性和单一学科的传授过程。随着全球化和科技的迅速发展，高校英语教育的重要性越发凸显，同时也面临着如何更有效地融入跨学科教育的挑战。英语作为一门国际通用语言，在培养学生全球视野、跨文化交流能力以及多学科整合思维方面具有不可替代的作用。融合式课堂教学作为一种创新的教学模式，正逐渐成为实现这一目标的有效工具。

一、高校英语教育的跨学科需求与重要性

随着全球化进程的不断深化和知识经济时代的到来，高校英语教育正在经历一场前所未有的转型。在这一背景下，跨学科的需求和重要性逐渐浮现。

（一）跨学科教育的需求

1. 全球化的挑战

在一个日益全球化的世界中，各个领域的边界正在迅速消失，人们无论在商业、政治还是文化方面都越来越相互依存。这一现象对高校英语教育提出了新的挑战。学生们不仅需要具备跨文化沟通的能力，还要能够跨学科思考。

全球化意味着不同文化背景的人们越来越频繁地进行互动，因此对学生来说，理解和尊重不同文化的价值观和行为规范变得尤为重要。英语作为国际通用语言，在此过程中起到了桥梁作用，使得跨文化沟通成为可能。

与此同时，全球化时代的问题日益复杂和相互关联。解决这些问题需要整合各个学科的知识，形成全面的解决方案。这就要求学生能够跨学科思考，灵活运用英语沟通，以便在全球化背景下的复杂环境中成功。

全球化对高校英语教育提出了新的要求和挑战，这些要求和挑战突出了跨文化沟通和跨学科思考的重要性。英语教育不仅是一门语言学科，更是一种文化和跨学科思维的培训

工具。通过全球化视野下的英语教育，我们可以培养学生适应全球化带来的挑战，为他们未来在国际舞台上的成功奠定基础。

2. 职业市场的要求

当今的职业市场正在经历一次前所未有的转变。随着全球化和科技进步的推动，工作环境变得越来越复杂和多元化。在这样的背景下，高校英语教育的角色也发生了重大改变。现在，毕业生不仅需要精通英语，还必须具备跨学科的知识和技能。

这一趋势反映了职业市场对综合素质人才的渴求。企业和组织不再仅仅满足于招聘精通一门专业或一种语言的员工，而是在寻找能够在多变的工作环境中胜任不同角色的人才。这意味着毕业生不仅要有出色的英语沟通能力，还要能够整合来自不同学科的知识，以便更好地解决实际问题。

高校英语教育在这一背景下扮演着至关重要的角色。通过对英语语言及其在各学科中的应用进行深入探究，学生可以学会如何将英语作为连接各个学科的工具。例如，他们可以学习如何使用英语进行科学研究、商业分析、文化评论等，这种跨学科的能力在当前的职业市场中具有极高的价值。

总而言之，随着职业市场的多元化，对毕业生的要求也变得更加复杂和全面。高校英语教育不仅要培养学生的英语技能，还要帮助他们培养跨学科的思维和解决问题的能力。这一全面的培训将有助于学生在激烈的职业竞争中脱颖而出，为他们的职业生涯铺平道路。

3. 学科整合的趋势

随着知识体系的不断扩展和复杂化，单一学科的研究方式已经无法满足当前社会和科学的需求。学科之间的界限日益模糊，跨学科的整合已成为当代教育的必然趋势。这一趋势在高校英语教育中表现得尤为明显。

学科整合是一种致力于跨越传统学科边界的教学方法，旨在促进不同领域之间的相互理解和合作。这一方法鼓励学生探索、分析和解释广泛的主题和问题，而不是局限于单一学科的视角。

在高校英语教育中，学科整合可以以多种形式出现。例如，可以通过英语课程学习各学科领域的核心概念和主题，从而促进对不同学科间相互关联的理解。也可以将英语教学与其他学科（如历史、科学、艺术等）相结合，通过跨学科项目来培养学生的批判性思维和创造性解决问题的能力。

这种跨学科的学科整合方法不仅有助于提高学生的英语技能，还有助于培养他们的全球视野和跨学科思维。通过学科整合，学生可以学习如何将不同领域的知识和技能相结合，以便更有效地解决现实世界中的复杂问题。

（二）跨学科教育的重要性

1. 促进创新思维

跨学科教育是当今教育领域的一个重要趋势，它有助于打破传统学科的界限，培养学生的创新思维和解决问题的能力。在高校英语教育的背景下，这一理念尤为关键。

英语作为国际通用的语言，在许多学科和职业领域都发挥着重要作用。因此，学生需要具备的不仅是语言技能，还有能够灵活运用这些技能进行跨学科沟通、协作和创新的能力。跨学科教育提供了这样的机会。

首先，跨学科教育鼓励学生从不同的视角看问题，促使他们跳出单一学科的框架，全面地分析和理解问题。这一过程有助于培养学生的批判性思维和创造性解决问题的能力。其次，通过跨学科项目和协作，学生可以学习如何将英语作为沟通工具，将不同领域的专家聚集在一起共同解决问题。这样的协作不仅增强了学生的团队合作能力，还锻炼了他们使用英语在不同学科和文化背景下沟通和协调的能力。最后，跨学科教育还能鼓励学生探索新的学习路径和方法，开拓他们的思维，培养他们的创新精神。通过综合运用英语和其他学科知识，学生可以找到新的解决方案，甚至是推动学科领域的创新。

2.增强文化素养

通过将英语教育与其他学科如历史、文化、艺术等相结合，为高校英语教育注入了新的活力和深度。这种跨学科的融合方式不仅促进了学生的语言技能的提高，还为他们的全球教育打下了坚实的基础。

英语作为全球交流的主要工具，已经超越了纯粹的语言学习，成了连接不同文化、历史和艺术的桥梁。通过跨学科的学习方式，学生可以深入了解到各个领域背后所代表的文化内涵和历史背景。例如，在学习英语文学时，他们可以深入探讨英美文化的特点、历史背景、艺术风格等，并将这些知识与自身文化进行对比和融合。

此外，这种跨学科的学习方法还有助于培养学生对跨文化的理解和尊重。通过对各个文化的深入了解，学生可以更好地理解和欣赏不同文化背景下的人们的观点和价值观。这不仅促进了他们的人际交往能力，还培养了他们作为全球公民的责任感和使命感。

最重要的是，这种将英语与其他学科相结合的教学方式，不仅限于课堂内的学习。它鼓励学生走出课堂，参与更广泛的社区和国际交流，以实际行动践行全球公民的理念。通过参与国际志愿者项目、学术研讨会、文化交流活动等，学生可以在实践中锻炼和展示他们的语言能力和全球视野。

3.提高教育效率

跨学科教育的实施在高校英语教育中也有助于提高教育效率。通过资源共享、优化教学内容以及使教育更符合实际需求，该模式不仅增强了教学效率，还增加了学生的参与和投入。

（1）资源共享

跨学科教育鼓励不同学科之间的协作和交流。这意味着教师、学生和教育机构可以共享教学资源，如教材、实验室、数据库等。例如，英语教育可以与历史、文化和艺术等学科共享相关的文献和素材，从而丰富课程内容，增强学生的学习体验。这种共享模式有助于减少重复努力，提高资源利用率，降低成本。

（2）优化教学内容

跨学科教育强调整合和优化教学内容，确保教育与实际需求相一致。例如，通过结合商业、科技和社会科学等学科的内容，英语教育可以更贴近职业市场和社会发展的实际需求。这种整合使得课程更有针对性，更能培养学生的实际能力，从而提高了教育的效益和效率。

（3）提高学生参与度

跨学科教育提供了丰富和多样化的学习机会，使学生能够在更广泛的领域中找到兴趣和激情。通过将英语与其他感兴趣的学科结合起来，学生能更加投入学习中，积极参与课堂讨论、项目合作等活动。高参与度不仅增强了学生的学习体验，还有助于提高他们的学习成绩和满意度。

4.促进终身学习

跨学科学习在高校英语教育中的应用，不仅丰富了教育内容和提高了教育效率，还在培养学生终身学习的兴趣和习惯方面发挥了积极作用。

（1）知识的相互联系和一体化

通过将英语与其他学科如历史、文化、科学等相结合，跨学科学习揭示了不同领域知识之间的相互联系和一体化。这种整体观念有助于学生理解和欣赏知识的复杂性和多样性，增强了对学习的深层次理解。与单一学科教育相比，跨学科教育更能激发学生的好奇心，促使他们主动探索和发现。

（2）培养灵活和开放的思维

跨学科教育鼓励学生从多个角度和维度来思考问题，培养了他们的灵活和开放的思维方式。学生不再局限于某个特定学科的框架和视角，而是能够在更广阔的视野中看到问题的本质和联系。这种思维训练有助于学生在未来的工作和生活中更好地适应和应对复杂和多变的环境。

（3）激发终身学习的兴趣和习惯

跨学科学习通过展示知识的丰富性和连贯性，有助于激发学生对学习的热爱和兴趣。当学生意识到知识是一个不断演进和扩展的体系，而不是孤立和静态的片段时，他们更容易培养对学习的持续兴趣和探索精神。这一点对于培养终身学习的习惯和能力尤为关键。

二、跨学科英语教育的理论基础

跨学科英语教育的实施不是一个随意的过程，而是基于一些深入的教育理论和教学方法。以下四个方面构成了跨学科英语教育的理论基础。

（一）建构主义学习理论

建构主义学习理论是一种认为学习者在与现实世界互动的过程中自主构建知识的观点。这一理论与传统的教育观念有所不同，它强调学生不仅是知识的接受者，更是知识的建构者。在教学过程中，教师不再是知识的唯一传递者，而是起到引导和协助学生自主学习的角色。

在高校英语教育的跨学科教学中，建构主义学习理论尤为重要。以下是五个主要方面。

1. 学生中心

教学过程以学生为中心，教师鼓励学生自主探索和提问，鼓励他们在实际情境中运用英语与其他学科知识相结合的方式理解和解决问题。

2. 促进深层学习

通过将英语与其他学科（如历史、社会科学、自然科学等）的内容相结合，学生能够更深入地理解知识，形成跨学科的综合视野。

3. 批判性思维的培养

跨学科教育鼓励学生从多个角度和学科视角分析问题，培养他们的批判性思维和独立分析判断能力。

4. 增强协作和沟通能力

建构主义强调社交互动在学习过程中的作用，跨学科学习常常需要学生在小组内合作探讨，这有助于提高他们的团队协作和英语沟通能力。

5. 培养创新和解决问题的能力

通过跨学科的项目或问题导向学习，学生需要运用英语及其他学科知识，创新思考和解决实际问题，培养他们的实际应用和创新能力。

（二）整合学习理论

整合学习理论是一种强调将不同学科或主题结合在一起的教育理念，它主张通过跨学科或主题的整合，使学习变得更有意义、更有内在联系和更加全面。在高校英语教育中，整合学习理论也具有重要的理论价值和实践意义。

1. 丰富和多元的教学内容

通过将英语与其他学科如科学、文学、艺术等整合在一起，教学内容变得更为丰富和多元化。例如，学生可以通过学习英语文学来理解西方文化，通过科学英语来掌握科技语，这不仅丰富了英语学习的内容，也拓展了学生的知识视野。

2. 增强学生的学习兴趣和动机

整合学习能将学生平时感兴趣的话题和学科内容结合起来，使英语学习更符合他们的兴趣和需求。例如，对于对艺术感兴趣的学生，可以通过学习英语艺术评论来提高英语水平，增强学习的积极性和动机。

3. 提高知识的实用性

整合学习强调知识的实际应用和生活联系。通过跨学科的整合，学生能够更好地理解和运用知识，使英语学习与实际生活和职业需求相结合。

4. 促进深入理解和高阶思维

整合学习鼓励学生在不同学科间寻找联系和规律，这有助于促进深入理解和高阶思维能力的培养。例如，通过将英语与历史学科相结合，学生可以从多维度深入理解文化背景和社会变迁的过程。

5. 培养综合素质和跨学科能力

整合学习促使学生在学习英语的同时，融入其他学科的思维和方法，培养他们的综合素质和跨学科的协调、沟通和解决问题的能力。

（三）多元智能理论

霍华德·加德纳的多元智能理论是一种反思人类智能的多样性和复杂性的理论，它认为人们不仅具有单一的智能，而是由多种不同类型的智能组成。这些智能包括逻辑数学智能、语言文字智能、空间智能、人际交往智能、自知智能等。多元智能理论为高校英语教育的跨学科教学提供了新的视角和实践方法。

1. 调动多种智能

跨学科英语教育可以通过整合不同的学科和主题，调动学生的多种智能。例如，将数学与英语相结合，既能锻炼学生的逻辑数学智能，也能提高英语的语言文字智能；将艺术与英语相结合，可以发展学生的空间智能和创造性思维。

2. 实现个体化教学

每个学生的智能结构和倾向都有所不同。通过跨学科教学，教师可以更好地了解学生的个体差异，根据不同的智能特长设计教学活动和任务，实现更精准化和个体化的教学。

3. 满足不同学生的学习需求

多元智能理论强调尊重每个人的独特智能和学习方式。通过跨学科英语教育，学校可以提供更为多样化的教学内容和方法，满足不同类型学生的学习需求和兴趣，促进学生的全面发展。

4. 促进学生的全面成长

多元智能理论关注学生的全面发展和综合素质培养。跨学科英语教育不仅是英语语言技能的培训，更是一种跨学科能力、合作沟通能力和自主学习能力的培养。通过多元智能的调动和培养，有助于形成学生的全面素质。

5. 推动教学创新和教师专业发展

多元智能理论也为教师提供了丰富的教学灵感和实践空间。教师可以尝试不同的跨学科教学策略和活动，根据学生的智能特长和需求进行创新教学，提高教学效果和教师的专业素养。

（四）元认知发展理论

元认知是指人们对自己的认知过程和策略的反思、理解和调控。它涉及如何规划、监控和评估学习过程，以实现学习目标。元认知发展理论在跨学科英语教育中扮演了重要角色，因为它关联了如何有效整合英语与其他学科的知识和技能，以及如何在不同领域中灵活运用英语能力。

1.增强学生的自主学习能力

元认知能力是自主学习的关键因素。跨学科英语教育鼓励学生思考如何学习，而不仅仅是学习什么。通过引导学生反思自己的学习目标、策略和效果，教师可以培养学生的自主学习能力和自我调控能力。

2.提升学生的批判性思维和问题解决能力

元认知不仅涉及学习策略的选择和使用，还关系到批判性思维和问题解决能力的培养。在跨学科英语教育中，学生需要学会如何批判地分析不同学科的信息，如何运用英语能力解决跨学科问题。

3.促进学生的跨学科整合和应用

跨学科英语教育强调英语与其他学科的有机结合和实际应用。元认知能力有助于学生理解和掌握如何将英语与其他学科相结合，如何在不同领域中灵活运用英语，从而实现跨学科的整合和应用。

4.培养学生的终身学习意识和能力

元认知发展理论强调学习过程中的自我反思和持续改进。通过跨学科英语教育的实践，学生可以培养终身学习的意识和能力，形成持续探索和自我成长的学习习惯。

5.推动教师的教学反思和专业成长

教师也是学习者。在跨学科英语教育的实践中，教师可以通过元认知的方式反思自己的教学目标、方法和效果，不断调整和优化教学实践，促进自身的专业发展和成长。

元认知发展理论为高校英语教育的跨学科教学提供了独特的视角和工具。通过关注学生的认知反思和自主调控，教师可以更有针对性地设计跨学科教学活动，促进学生的全面素质发展，培养具有跨学科思维和国际化素质的复合型人才。此外，元认知的理念和实践也有助于提高教学质量，推动教师专业的持续发展。

跨学科英语教育的理论基础涵盖了多个方面，包括知识的构建、整合、个体化、元认知发展和全球视野等。这些理论为跨学科英语教育提供了科学的指导和支持，使其成为一个有序、目标明确和效果显著的教学过程。

三、融合式课堂教学在高校英语教育中的跨学科连接

（一）高校英语教学内容的跨学科整合

融合式课堂教学，通过将传统的面对面教学与现代化的线上教学相结合，为高校英语教学内容的跨学科整合提供了新的可能和空间。

1.结合不同学科背景的教学资源

在融合式课堂教学中，教师可以灵活运用如录像带、光盘、网络培训、电影等资源，将英语与历史、文化、科学、艺术等学科相结合。通过这种跨学科整合，学生可以在学习英语的同时，深入了解其他学科的知识和见解，培养全方位的素质。

2.促进实时虚拟交流与协作学习

通过实时虚拟课堂和协作学习的平台，学生可以跨越地域和学科界限，与不同背景和专业的同学和教师进行互动交流。这种跨学科的连接有助于培养学生的跨文化沟通能力和团队协作能力。

3.推动项目化和主题化教学

融合式课堂教学支持项目化和主题化的教学设计，教师可以围绕具体的社会问题或学术议题，整合英语与其他学科的内容和方法。学生通过解决实际问题，学习如何将英语与其他学科相结合，发展综合分析和创新解决问题的能力。

4.强化个性化和差异化教学

融合式课堂教学允许教师根据学生的兴趣、需求和背景，灵活选择和组织教学资源和活动。教师可以针对不同学科领域的学生设计和实施个性化和差异化的英语教学，提高学习的针对性和效率。

5.培育跨学科的研究和探究精神

融合式课堂教学鼓励学生从多学科视角审视和解决问题。学生可以在课堂上与教师和同学讨论和研究跨学科的议题，如气候变化、社会公正、文化多样性等。这种研究和探究精神有助于培养学生的批判性思维和公民参与意识。

6.促进教师的跨学科专业发展

融合式课堂教学要求教师具备跨学科的知识和教学能力。教师可以通过跨学科合作和培训，不断扩展和深化自己的教学理念和技能，实现自身的专业成长和创新。

融合式课堂教学为高校英语教学内容的跨学科整合提供了丰富的理念和手段。它强调了英语教育与其他学科的有机连接和共同发展，促进了教学内容的多元化和实用化。通过这种整合，学生可以更好地理解和运用英语，培养跨学科的知识和技能，成为具有国际化视野和社会责任感的现代人才。同时，教师也可以借助融合式课堂教学，实现自身的专业更新和提升，构建更为开放和协同的教学生态。

（二）信息技术在高校英语教育的跨学科资源共享

随着信息技术的不断发展和普及，高校英语教育越来越依赖于跨学科的资源共享和整合。以下是信息技术在高校英语教育中促进跨学科资源共享的主要方面。

1.构建共享资源库

通过云计算、大数据等技术手段，高校可以构建全面的跨学科资源库，涵盖英语语言学、文学、艺术、科学、社会科学等多个学科领域。学生和教师可以随时随地访问和使用这些资源，进行跨学科的学习和教学。

2.促进教材和课程的整合

信息技术支持教材和课程的数字化和模块化，教师可以根据学生的需求和水平，灵活组织和定制跨学科的英语教学内容。这种整合有助于突破传统教材和课程的限制，实现更为个性化和实用化的教学。

3.支持虚拟实验和模拟教学

虚拟现实、增强现实等技术可以支持虚拟实验和模拟教学，让学生在虚拟环境中体验和探索不同学科的现象和问题。通过英语进行虚拟旅行、历史重现、科学探索等活动，学生可以增强对跨学科的理解和兴趣。

4.促进全球合作和交流

信息技术支持高校与国内外的教育机构和学者进行合作和交流，共享优质的教学资源和研究成果。这种全球合作和交流有助于提升高校英语教育的国际化水平，培养学生的全球视野和跨文化沟通能力。

5.提高资源的可及性和可用性

通过移动设备和无障碍技术，信息技术确保了所有学生都可以平等地访问和使用跨学科的英语教学资源，无论他们的地域、经济、身体等状况如何。这种可及性和可用性有助于实现教育公平和包容，让每一个学生都有机会享受优质的跨学科英语教育。

6.增强教师的专业能力和素质

信息技术提供了丰富的教师培训和专业发展资源，如在线课程、协作研究、教学反思等。教师可以通过这些资源学习和掌握跨学科英语教育的理论和方法，不断提升自己的教学质量和创新能力。

7.推动教育评估和反馈的创新

信息技术支持教育评估和反馈的自动化和智能化，教师和学生可以实时了解学习进度和效果，调整和优化教学策略。这种评估和反馈的创新有助于提高跨学科英语教育的针对性和有效性。

（三）跨学科能力在高校英语教育中的培养策略

跨学科能力的培养是现代高校英语教育的重要目标之一，它强调学生在掌握专业英语技能的同时，还能整合其他学科的知识和技能，灵活运用于实际情境中。要实现这一目标，教育者需要采取一系列创新和有效的培养策略。

第一，教师需要构建一个开放和协作的学习环境，鼓励学生主动探索英语与其他学科之间的联系。这可以通过组织跨学科的项目学习、小组合作、案例分析等活动实现，让学生在实际操作和探究中发现和构建跨学科的知识体系。

第二，教师应强化与其他学科的整合，将英语教学内容与历史、文化、艺术、科学等学科紧密结合，形成丰富和多元的教学内容。这不仅可以增强学生的学习兴趣和动机，还能让他们在掌握英语技能的同时，增强跨学科的理解和应用。

第三，教师需要设计和实施跨学科的评估机制，以便全面了解学生跨学科能力的发展情况。这可以通过设置跨学科的学习目标、设计多样化的评估工具、鼓励学生进行自我和互评等方法实现，确保评估的合理性和有效性。

第四，教师还应关注学生的个体差异和需求，采取灵活和个性化的教学方法，支持每一个学生的跨学科能力的发展。这需要教师不断学习和反思，与同事、家长、学生紧密合作，共同构建和完善跨学科英语教育的体系和机制。

第五，高校应加强对教师的专业发展支持，提供必要的培训和资源，鼓励教师进行跨学科的研究和创新。这不仅有助于提高教师的专业素质和能力，还能推动整个教育体系向跨学科方向的转型和升级。

第六，跨学科能力的培养还需要与社会和产业界紧密结合，确保教育的实用性和针对性。高校可以与企业、社区、政府等合作，组织实习、实训、志愿服务等活动，让学生在真实的社会情境中锻炼和展示跨学科能力。

总之，跨学科能力的培养在高校英语教育中是一项复杂和持续的任务，需要教育者的深入理解和积极参与，也需要整个教育体系的支持和协调。通过综合和有针对性的培养策略，教育者不仅可以提高英语教育的质量和效率，还可以培养学生的全面素质和国际化能力，满足现代社会和职业市场的多样化需求。

四、促进高校英语教育跨学科教育的融合式课堂教学方法

（一）教学内容的跨学科协同设计

教学内容的跨学科协同设计是促进高校英语教育跨学科教育的重要途径之一。融合式课堂教学方法在这方面具有独特的优势和潜力。

1. 结合不同学科的专家和教师

通过组织跨学科的教学团队，集合英语、历史、科学、艺术等学科的专家和教师，共同设计教学内容和活动。这种协同工作不仅有助于确保内容的准确性和丰富性，还能促进教师之间的交流和学习，提高教学的创新性和针对性。

2. 基于项目的学习设计

通过项目学习，将英语教学与其他学科的实际问题和挑战相结合，设计具有现实意义和挑战性的学习任务。例如，可以设计跨文化交流项目，让学生通过英语研究不同国家的历史文化，并进行交流和分享。这种方法有助于提高学生的学习动机，增强英语的实用性和趣味性。

3. 利用技术进行资源整合和共享

融合式课堂教学可以充分利用信息技术，整合和共享不同学科的教学资源，如虚拟实验室、在线图书馆、多媒体教材等。这不仅能丰富教学内容，还能提高教学的灵活性和便利性，支持个性化和自主学习。

4. 注重学生的参与和协作

跨学科协同设计鼓励学生主动参与教学过程，与教师和同学共同探讨和解决问题。通过小组合作、讨论、展示等方式，学生可以在实际操作中锻炼英语沟通能力，增强跨学科的理解和协作。

5. 评估与反馈的机制建设

跨学科协同设计还需要构建有效的评估和反馈机制，确保教学内容的合理性和有效

性。可以通过设计多元化的评估工具，收集学生、教师、家长等多方面的反馈，及时调整和优化教学内容和过程。

6. 与社区和产业界的合作

高校还可以与社区、企业等合作，将教学内容与社会实际需求和资源相结合。这种合作有助于提高教学内容的现实性和针对性，培养学生的社会责任和职业素养。

（二）融合式教学技术在高校英语跨学科教育中的应用

融合式教学技术在高校英语跨学科教育中的应用是一个现代化教学发展的重要方向，其集成了传统教学与现代信息技术，为高校英语教育带来了诸多新的可能性和机遇。

1. 实时虚拟课堂的推广

利用视频会议和在线教学平台，可以打破地域界限，实现远程教学和跨学科合作。例如，英语教师可以邀请外国的历史或文化专家为学生讲授特定主题的课程，丰富学生的跨文化视野。

2. 协作学习的促进

融合式教学技术为学生提供了丰富的协作工具，如在线文档共享、协同编辑、项目管理等。学生可以通过这些工具在跨学科项目中进行协作，促进团队合作能力和跨学科思维的培养。

3. 流媒体资源的整合

高校可以利用流媒体技术，整合各类视频、音频和文本资源，为学生提供丰富的自主学习材料。例如，通过整合文学、电影、音乐等领域的英文资源，学生可以更加直观地理解和体验英语文化。

4. 智能教学辅助系统的运用

通过大数据分析和人工智能算法，融合式教学技术能够提供个性化的学习推荐和辅导。这些系统可以分析学生的学习习惯、兴趣和进展，提供针对性的教学支持，有助于提高学习效率和满足不同学生的需求。

5. 虚拟现实和增强现实的探索

通过虚拟现实和增强现实技术，教师可以创建身临其境的教学场景，如虚拟博物馆、历史重现等。这些场景可以丰富英语教学内容，增强学生的学习体验和参与度。

6. 与社交媒体的结合

通过与社交媒体平台的结合，融合式教学技术可以激发学生的参与和表达欲望。例如，教师可以组织在线论坛、博客活动，鼓励学生用英语表达自己对不同学科主题的看法和感受。

7. 教学评估与反馈的创新

通过在线测试、学习分析等工具，教师可以实时了解学生的学习进展和问题，提供及时反馈和支持。这种数据驱动的评估方式有助于提高教学质量和学生满意度。

融合式教学技术为高校英语跨学科教育打开了新的视野和路径，为教学创新提供了强大的支撑。但同时，这也要求教育者不断探索和学习新技术，创造适合自己教学环境和目标的解决方案，确保技术与教育目标的有效结合。

（三）跨学科学习评估与反馈机制在英语教育中的实现

跨学科学习评估与反馈机制在英语教育中的实现涉及了对学生英语能力以及跨学科知识、技能和态度的全面评估。这一过程不仅关注学生的英语水平，还关注他们如何将英语与其他学科相结合，实现更深层次的学习和理解。

1. 设计跨学科评估标准

教育者需要明确跨学科学习的目标，将英语学习与其他学科如历史、科学、艺术等有机结合。基于这些目标，可以设计出涵盖知识、技能和态度的跨学科评估标准，确保评估内容与教学目标相一致。

2. 多元化评估方法

跨学科学习的评估应包括多种方法，如笔试、口试、项目展示、小组合作等。这些方法可以全面反映学生的英语能力和跨学科素质，如创新思维、批判性分析、团队合作等。

3. 实时反馈与调整

有效的评估机制应包括实时的反馈和调整。教师可以通过观察、问卷、学生自评等方式，及时了解学生的学习进展和问题，为他们提供个性化的支持和指导。同时，教师还可以根据评估结果调整教学计划和方法，确保教学与学习的有效联结。

4. 创造评估情境

跨学科学习往往需要在具体情境中进行。因此，评估也应结合真实或模拟的情境，如角色扮演、案例分析等。这种情境化的评估可以更好地观察和评价学生在实际环境中的表现，如英语沟通、问题解决等能力。

5. 促进学生自我评估与反思

除了教师的评估外，学生的自我评估和反思也是跨学科学习评估的重要组成部分。教师可以通过引导、讨论等方式，帮助学生理解自己的学习过程和成果，培养他们的自主学习和终身学习能力。

6. 跨学科评估的合作与共享

高校英语教育的跨学科评估还可以与其他学科教师进行合作和共享。通过共同设计评估任务、交流评估经验等方式，可以实现教学资源和智慧的共享，提高评估的专业性和有效性。

第二节　综合能力培养的理念与策略

在一个日益复杂和多元化的时代，综合能力的培养是人才素质教育的核心。这不仅是应对全球化和信息化时代挑战的必备条件，更是每个人实现自我成长、积极适应社会、展现创新精神和促进终身学习的重要保障。如何理解综合能力，又该如何有效地培养和评估它，是当前教育领域亟待探讨的课题。

一、综合能力概述

（一）综合能力的定义及其在英语教育中的重要性

1.综合能力的定义

综合能力是指一个人在特定领域或综合多个领域的知识、技能和素养方面的综合表现和能力。这种能力不仅包括对专业知识的掌握，还涉及解决问题、批判性思维、创新能力、合作能力、沟通能力、领导能力等综合素养。综合能力的培养旨在使个体能够适应复杂多变的社会环境，具备在各种情境下进行综合运用知识和技能的能力。

综合能力的核心特征包括以下七个方面。

（1）跨学科知识融合

能够在多个学科领域之间建立联系，将不同领域的知识和概念进行整合，形成全局性的认识。

（2）批判性思维

能够理性思考、分析问题，并对信息进行评估和判断，形成独立、全面、准确的意见。

（3）创新能力

具备独立思考和创造性思维的能力，在解决问题和应对挑战时能够提出新颖的解决方案。

（4）解决问题的能力

能够识别和理解问题，并采用适当的方法和策略解决问题，包括协调资源和与他人合作。

（5）沟通与表达能力

能够清晰、准确地表达自己的观点和意图，有效地与他人进行交流和合作。

（6）社会与文化意识

具备对社会、文化和伦理问题的认知，能够适应多样化的文化环境和价值观。

（7）自主学习与持续发展

具备主动学习的动力和能力，不断更新知识和技能，适应快速变化的社会和职业需求。

2.综合能力在高校英语教育中的重要性

综合能力在高校英语教育中具有重要性，主要体现在以下六个方面。

（1）提升学习效果

综合能力包括批判性思维、问题解决能力、跨学科融合等方面，这些能力使学生在学习英语知识和技能时能够更加深入、全面地理解和运用。学生通过综合能力的培养，能够更加高效地学习，提升学习效果。

（2）促进语言综合运用

英语学习不仅仅是掌握词汇和语法，还包括听、说、读、写等多方面的语言技能。培养综合能力可以帮助学生在实际交际中更加自如地运用语言，提高英语的综合运用能力。

（3）培养批判性思维

在高校英语教育中，培养学生批判性思维是至关重要的。这样的思维方式使学生能够分析、评估和理解不同观点，从而更加深刻地理解英语学科的核心概念和内容。

（4）培养创新能力

综合能力的培养能够激发学生的创新潜能，鼓励他们在学习和实践中提出新颖的想法和解决方案。这对于英语学科的发展和学生个人职业生涯都具有积极的影响。

（5）促进跨学科融合

综合能力的培养要求学生能够将不同学科的知识和技能进行融合，形成全局性的认识。在高校英语教育中，这样的跨学科融合可以帮助学生更好地理解英语与其他学科的联系，提升英语教育的质量和广度。

（6）适应多样化的职业需求

如今社会对英语人才的需求日益多样化，不再仅仅局限于语言能力，还需要综合能力。培养学生的综合能力可以让他们更好地适应未来职业的发展和变化。

（二）当前社会对综合能力的需求

当前社会对综合能力的需求从未如此明显和迫切。

1. 全球化的挑战

全球化的挑战已经成为现代社会的一个显著特征，它使世界各地的人们紧密相连，跨越了地域和文化的界限。在这一过程中，英语综合能力显得尤为关键。英语作为全球通用的沟通桥梁，不仅要求人们能够理解和使用这一语言，更需要结合不同文化背景和价值观进行有效的沟通和协作。

全球化所带来的跨文化交际要求不仅关乎语言技能的掌握，还涉及对全球多元文化的理解和尊重。人们需要具备跨文化的视野，能够在不同文化背景下灵活运用英语进行交流，理解对方的观点和感受，有效地建立联系和共识。例如，国际企业和组织中的团队合作、外交谈判、国际会议等，都需要运用英语综合能力来处理跨文化的复杂情境。这不仅包括口语和写作技能，还涵盖了批判性思维、解决问题的能力，以及文化敏感性。

2. 职业市场的多元化趋势

职业市场的多元化趋势反映了现代工作环境的复杂性和动态性。在这样的背景下，工作不再局限于单一领域或学科，而是需要工作者跨越学科界限，灵活运用多学科知识来解决复杂问题。英语综合能力在这一过程中起到了关键作用，尤其是在许多跨国公司和国际组织中。

英语综合能力不仅涵盖了语言的读、写、听、说能力，还包括了理解和分析不同文化背景下的沟通模式、搭建跨文化沟通桥梁的能力。在全球化的商业环境中，这些技能是至关重要的。随着技术的发展和市场的全球化，工作内容和形式变得更为复杂和多元。这就要求员工不仅要精通本职工作所需的专业知识，还需要能够在不同的工作环境和团队中有效沟通和协作。英语作为国际商业的通用语言，其综合能力的掌握成为实现这一目标的重要手段。跨国公司和国际组织越来越重视员工的全球视野和跨文化沟通能力。具备英语综合能力的员工能够更好地理解国际市场的动态，更灵活地适应不同文化背景下的商业实践。

3. 科技与创新的推动

科技与创新的推动是现代社会发展的重要动力，这一过程中对综合能力的需求尤为突出，特别是在科技领域，英语综合能力更被视为通用的学术和商业语言。

首先，科技创新往往涉及多学科的知识融合和技能整合。它要求从不同的角度和层面对问题进行分析，寻找创新的解决方案。在这一过程中，综合能力的培养能够促进新技术和新思想的融合，推动科技和社会的前进。

其次，全球科技合作日益增多，尤其在诸如人工智能、生物科技、新能源等前沿领域。这就要求科技人员不仅要具备专业的技术知识，还需要掌握跨文化沟通和合作的能力。英语综合能力在此起到了桥梁作用，使得国际间的科研合作和商业交流更加流畅和高效。

再次，随着科技发展的加速，新的知识和技术层出不穷。要紧跟时代的步伐，就必须不断学习和掌握新的知识和技能。英语作为国际科技界的主流语言，其综合运用能力对于获取最新的科研资讯和学术成果具有重要作用。

最后，英语综合能力的培养也反映了现代教育的人才培养目标。不仅关注专业技能的培训，还强调全面素质的提高和国际视野的拓展。这样的人才更能适应全球化的工作环境，推动科技和社会的可持续发展。

4. 社会责任与可持续发展

社会责任与可持续发展是当前全球关注的重要议题，涉及环境保护、社会公正、经济平衡等多个方面。在这一背景下，解决全球问题需要跨学科、跨领域的合作和沟通，英语综合能力在其中起到了关键的桥梁作用。

首先，可持续发展要求我们从全球的角度出发，整合不同国家和地区的资源和智慧，共同解决诸如气候变化、能源危机、社会不平等等全球性问题。英语作为国际通用语言，在这些跨国合作和对话中起到了关键的连接作用。

其次，许多全球性问题涉及复杂的科技、经济、文化、伦理等多个方面，需要多学科的专家和团队共同合作。英语综合能力不仅包括语言沟通，还涉及文化理解和批判性思维。具备这一能力的人才能够跨越学科界限，促进不同领域之间的理解和协同工作。

再次，社会责任意识的提升也反映了现代社会对全人教育和人文素养的追求。英语综合能力的培养不仅关注语言技能的提高，还强调全球视野、跨文化理解和社会责任感的培养。这样的教育理念有助于培养具备全球竞争力和社会责任感的人才。

最后，英语综合能力也促进了全球范围内的信息共享和知识传播。通过英语，不同国家和地区的专家、学者和社会活动家能够共享研究成果，开展合作项目，共同推动全球可持续发展。

5.教育改革与人才培养

教育改革与人才培养这一话题在现今教育领域中占有重要地位。随着全球化、科技创新、社会责任等挑战的不断涌现，教育系统开始转向更加全面和多元化的方向，越来越重视培养学生的综合能力，其中英语综合能力受到了特别的关注。

传统的学科教育往往注重理论知识的传递和学科界限的维持。然而，现代社会的复杂性和多样性要求人们能够灵活运用知识，跨越学科界限，解决实际问题。在这一背景下，英语综合能力的培养成了一项关键能力。它不仅涵盖了语言理解和使用，还包括跨文化交际、团队协作、批判性思维等多方面的能力。

教育改革的方向是以学生为中心，强调实际应用和跨学科学习。通过将英语与其他学科如历史、科学、艺术等相结合，学生可以在实际语境中学习和使用英语，增强语言能力的实用性和生动性。同时，跨学科学习也有助于打破学科壁垒，培养学生的全面素质和创新能力。

教育改革还强调了个体化教学和学生的自主学习。通过英语综合能力的培养，教育可以更好地满足不同学生的学习需求和兴趣，促进他们的主动探索和终身学习。这一过程不仅提高了教育的效率和学生的参与度，也有助于培养更具适应性和竞争力的人才。

二、综合能力培养的理念

（一）全人发展理念

全人发展理念是综合能力培养中的核心理念，它强调个体在知识、技能、情感、价值观等各个方面的全面和协调发展。

1.知识和技能的整合

全人发展理念不再强调单一的学科知识或技能训练，而是追求知识与技能、理论与实践的有机结合。特别是在英语综合能力的培养中，除了语言知识和基础技能的学习，还强调批判性思维、解决问题、团队协作等软技能的发展。

2.情感和价值观的培育

全人发展不仅关注智力和技能的培养，还重视情感、态度、价值观等方面的教育。例如，通过跨文化交流和合作，培养学生的尊重和理解不同文化背景和价值观的能力。

3.学生中心的教育

全人发展理念强调以学生为主体，尊重每个学生的个性和兴趣，提供多样化和个体化的教学方式。这有助于激发学生的学习兴趣和动机，促进他们的自主学习和终身学习。

4.社会责任和全球意识

全人发展还要求学生具备全球视野和社会责任感。英语作为全球通用的语言，培养学生的英语综合能力有助于他们更好地理解和参与全球化的社会、经济、文化交流和合作。

5.教育的灵活性和开放性

全人发展理念鼓励跨学科、跨领域的学习和探索，提倡教育的灵活性和开放性。学生可以选择和组合不同的学科和课程，根据自己的兴趣和目标进行深入学习和实践。

（二）批判性思维与创新精神

批判性思维与创新精神在综合能力培养中占据了核心地位，它们是现代教育所追求的重要目标，特别是在英语综合能力的培育中，这两者起着至关重要的作用。

1.批判性思维的培养

批判性思维指的是以逻辑和理性的方式分析、评估和解释信息，包括观察、分析、解释、推理、比较、预测、评估等多种思维活动。在英语综合能力的培养中，批判性思维有助于学生更深入、更精确地理解和使用语言，从而有效地跨文化沟通。

教育者可以通过组织讨论、辩论、案例分析、问题解决等多样化的教学活动，激发学生的批判性思维能力。例如，通过分析不同文化背景下的文本，学生可以学习到如何批判地分析和理解不同的观点和价值观。

2.创新精神的培养

创新精神是一种寻求新思想、新方法、新解决方案的动力和能力。在全球化的背景下，英语综合能力的培养不仅要求学生掌握语言技能，还要求他们具备创新和适应变化的能力。

教育者可以通过项目合作、跨学科学习、实际操作等方法，培养学生的创新精神。例如，组织学生通过英语开展国际合作项目，挑战他们从不同角度思考问题，激发他们的创新激情。

批判性思维与创新精神是综合能力培养的关键组成部分，也是现代社会所迫切需要的素质。在英语综合能力的培养中，教育者应将其融入教学实践，培育具有国际视野、跨文化沟通和协作能力的新一代人才。通过这样的教育，学生不仅可以提高语言技能，还能提升思维素质，成为具备创新和批判能力的全球公民。

（三）自主学习与终身学习理念

自主学习与终身学习理念在综合能力培养，特别是英语综合能力培养中，具有关键作用。它们不仅有助于学生在学校时期的学习，更为他们未来在职场和生活中不断学习和成长打下基础。

1.自主学习的理念

自主学习是指学生能够独立、有目的、有计划地探索和掌握知识的过程。在英语综合能力培养中，自主学习有助于培养学生主动探求知识，解决问题的能力。

培养自主学习能力的方法如下。

（1）学生主导

让学生根据自己的兴趣和需求选择学习资源和方法，鼓励他们主动参与学习。

（2）教师支持

教师作为引导者和支持者，提供必要的指导和资源，但不干预学生的自主学习过程。

（3）技能培训

教授学生如何有效地计划、监控和评估自己的学习，包括目标设定、时间管理等。

（4）使用现代技术

借助网络和其他现代技术工具，提供丰富的学习资源和交互平台。

2.终身学习的理念

终身学习是指人们在整个生命周期中不断学习和成长的过程。对于英语综合能力来说，终身学习意味着不断适应和掌握新的语言表达、文化现象和交流技能。

培养终身学习能力的方法如下。

（1）培养学习兴趣和动机

通过有意义和有趣的学习项目，培养学生对英语和跨文化交流的兴趣。

（2）强调学习的实用性

联结学校教育和社会实践，强调英语学习在工作和生活中的实用价值。

（3）建立持续学习机制

与社区、企业、在线平台等合作，为学生提供继续学习的机会和资源。

（四）跨学科与跨文化素养

跨学科与跨文化素养是现代综合能力培养的重要组成部分，特别在英语综合能力培养中占据核心地位。

1.跨学科素养

跨学科素养是指能够将不同学科的知识和技能相互整合并运用于解决实际问题的能力。对于英语综合能力的培养来说，跨学科素养有助于增强语言学习的深度和广度，以及语言在多学科背景下的实际运用能力。跨学科素养的培养可以从以下几个方面入手。

（1）整合学科内容

通过整合英语与其他学科如历史、科学、艺术等的教学内容，使学生能够在语言学习过程中理解和掌握跨学科知识。

（2）项目化学习

设计跨学科项目，促使学生运用不同学科的知识和技能解决实际问题，培养他们的综合分析和创新能力。

（3）促进教师合作

鼓励不同学科的教师合作，共同设计和实施教学活动，共享教学资源。

2.跨文化素养

跨文化素养是指能够理解、欣赏和适应不同文化背景下的沟通和行为方式的能力。在全球化背景下，跨文化素养成为英语综合能力的重要组成部分，有助于有效跨文化沟通和协作。

跨文化素养的培养可以从以下几个方面入手。

（1）文化敏感性教育

教育学生理解、尊重和欣赏不同文化的价值观和行为习惯，培养他们的文化敏感性和同理心。

（2）真实文化体验

组织国际交流、文化探访等活动，使学生有机会直接接触和体验不同文化背景下的沟通和生活方式。

（3）多元文化教学资源

采用来自不同文化背景的教学材料和资源，如文学作品、电影、音乐等，丰富学生的跨文化学习体验。

三、综合能力培养的具体策略

（一）培养跨学科思维能力

跨学科思维能力是指在解决问题或进行创造性思考时，能够跨越学科界限，整合和运用多学科知识和技能的能力。在全球化和多元化的现代社会中，这一能力对于增强学生的综合能力和英语综合能力具有重要价值。以下是培养跨学科思维能力的具体策略。

1. 增强跨学科认识

在教学过程中，教师应该引导学生建立不同学科之间的联系，如数学与物理的联系、英语与历史的联系等。通过现实生活中的问题来展现学科知识的实际应用，使学生能够在实际情境中理解和运用跨学科知识。

2. 促进跨学科探究

通过问题驱动的学习项目，让学生在解决具体问题的过程中运用跨学科的知识和技能。鼓励学生在团队中协同工作，共同解决问题，促使他们在合作过程中学习和实践跨学科思维。

3. 培养跨学科创新能力

通过开放性问题和挑战性任务，激发学生的创造性思维，鼓励他们从多学科视角分析和解决问题。组织跨学科竞赛、实验、项目等，让学生在实际操作中体验和锻炼跨学科创新能力。

4. 教师角色的转变

教师不再仅是知识的传递者，而是学生跨学科学习的引导者和支持者。同时鼓励不同学科的教师进行合作，共同设计和实施跨学科教学活动，共享教学资源。

5. 评估与反馈

使用包括观察、口头反馈、项目评价等多种评估方式，全面了解学生的跨学科思维能力发展情况。并且，及时向学生提供关于他们跨学科思维表现的反馈，帮助他们明确进步方向和改进方法。

跨学科思维能力的培养是一项复杂而富有挑战性的任务。它要求教育者转变教学理念，采用灵活多样的教学策略，密切协同合作，共同培育学生具备现代社会所需的综合能力和英语综合能力。

（二）增强沟通与团队协作能力

沟通与团队协作能力在现今全球化和多元化的职业市场中占据重要地位，特别是在跨国公司和多学科团队中。英语作为国际通用语言，在沟通与团队协作中起到关键作用。以下是增强沟通与团队协作能力的具体策略。

1.提高沟通技巧

通过多样化的教学活动，如角色扮演、辩论、讨论等，提升学生的英语听、说、读、写能力。引导学生了解不同文化背景下的交流习俗和礼仪，提高跨文化沟通能力。

2.加强团队协作训练

设计合作学习项目，让学生在小组内分工协作，共同完成任务，培养团队合作精神。通过团队建设游戏和挑战，增强学生之间的信任和合作意识。

3.促进批判性思维与问题解决能力

鼓励学生在团队中讨论、辩论复杂问题，培养他们的批判性思维和问题解决能力。让学生在跨学科项目中寻找解决方案，学习如何在团队中共同解决问题。

4.技术与沟通工具的运用

教授学生使用各种数字沟通工具，如电子邮件、视频会议等，以适应现代远程工作和全球化合作的需求。教育学生理解和使用社交媒体作为沟通和协作的工具，同时培养他们的网络素养和道德意识。

5.反思与自我评估

要求学生定期反思沟通与团队协作的过程和成果，教师也应及时给予反馈和指导。鼓励学生互相评估沟通和合作的效果，促进他们的自我认识和持续改进。

沟通与团队协作能力的培养是一项长期的过程，它涉及多个方面的技能和素养。通过综合运用上述策略，学生不仅可以提高他们的英语综合能力，而且可以更好地适应现代社会的职业需求和全球化挑战。这一过程也有助于培育他们的人际交往智能、自知智能等多元智能，为终身学习和职业发展奠定坚实基础。

（三）鼓励自主学习与信息检索能力

自主学习与信息检索能力是21世纪重要的核心素质之一，特别强调个人主动、有目的地获取和构建知识的能力。这种能力不仅对英语综合能力的提升至关重要，而且对于终身学习和职业发展具有深远的影响。以下是鼓励自主学习与信息检索能力的具体策略。

1.创建自主学习环境

确保学生可以轻松访问到所需的学习资源，如图书馆、在线课程、学术数据库等。允许学生根据自己的兴趣和目标选择学习内容和进度，鼓励个人化学习。

2.培养信息素养

教育学生如何有效地使用搜索引擎、学术数据库等工具，如何评估和筛选信息。并且指导学生如何从不同来源分析和整合信息，提高他们的批判性思维和解决问题的能力。

3.促进自我监控和调整

引导学生设立明确、可衡量的学习目标，并制订合适的学习计划。鼓励学生定期评估自己的学习进度和效果，根据需要进行调整。

4.鼓励学习社群和合作学习

鼓励学生与同伴、老师或其他学习者建立联系，共享资源和经验。通过团队项目和小组活动，鼓励学生相互学习、共同解决问题。

5.结合现代技术

鼓励学生使用在线学习平台和开放课程，探索新的学习资源和方法。引导学生在虚拟环境中与全球学习者交流和合作，提升跨文化交际能力。

6.激发内在学习动机

确保学习内容与学生的实际需求和兴趣相关联，激发他们的内在学习动机。教师和同伴的积极反馈和鼓励对于增强学生的自信和学习兴趣至关重要。

通过上述策略，教育者可以鼓励和支持学生的自主学习与信息检索能力。这不仅有助于提高学生的英语综合能力，还有助于培育他们的自我管理、自我调整、批判性思维等核心素养。在不断变化的信息时代，这些能力对于个人的终身成长和社会适应具有长远价值。

（四）强化道德情感与社会责任感

在综合能力的培养中，道德情感和社会责任感的塑造不可忽视。尤其在全球化的背景下，英语综合能力的培养更需注重个体的道德品质和对全球社会的责任认同。以下是强化道德情感与社会责任感的具体策略。

1.道德情感的培养

通过课程设计和教学实践，引导学生认识和理解核心的道德价值观和伦理原则，如诚实、公正、同情等。鼓励学生在学习过程中与文化和社会现象建立情感联系，培养同理心和道德情感。通过文学、历史、社会科学等学科内容，展示道德典范和伦理挑战，激发学生的道德反思。

2.社会责任感的塑造

鼓励学生关注全球问题，如环境保护、社会公正、人权等，培养全球公民意识。通过社区服务项目，使学生亲身参与社会实践，培养责任心和合作精神。在英语教学中，注重跨文化交际能力的培养，强调尊重、理解和合作的重要性。

3.教育者的示范作用

一方面，教师应展示高尚的道德品质，成为学生学习的榜样；另一方面，学校要与家庭和社会合作，共同为学生提供良好的道德教育环境。

4. 教育评估的多元化

在教育评估中，不仅要考虑学生的知识和技能，还要关注其道德情感和社会责任感的表现。鼓励学生自我评估和同伴评估，培养他们的自觉性和合作精神。

5. 科技与媒体的合理利用

通过电影、音乐、虚拟现实等媒体，帮助学生深入理解和感受道德和社会问题。教育学生如何在网络社交中展示良好的道德风貌，对网络行为负责。

综合而言，强化道德情感与社会责任感是综合能力培养的重要方面，尤其在英语综合能力培训中具有特殊意义。它涉及人的全面素质和全球公民意识的塑造，为未来社会的和谐与进步提供保障。这种培养不仅限于学校教育，还需要家庭、社会、媒体等多方面的共同努力和支持。

参考文献

[1] 约翰·哈蒂，南希·弗雷，道格拉斯·费.高度参与的线上线下融合式教学设计 [M].北京：中国青年出版社，2021.

[2] 沈欣忆，苑大勇，陈晖.从"混合"走向"融合"：融合式教学的设计与实践 [J].现代教育技术，2022（4）：40-49.

[3] 何克抗.从 Blending Learning 看教育技术理论的新发展（上）[J].电化教育研究，2004（3）：1-6.

[4] 芦玮.重大疫情背景下高职英语融合式教学模式设计及实施 [J].产业与科技论坛，2021（18）：144-145.

[5] 冉新义.混合式学习的理论与应用研究 [M].厦门：厦门大学出版社，2018.

[6] 郑旋，邱晓晖.基于 MOOC 的融合式教学实践与创新研究 [J].佳木斯职业学院学报，2020（7）：88-91.

[7] 田海青，郝丽君.疫情防控背景下高校英语融合式教学模式探究 [J].民办高等教育研究，2020（1）：34-38.

[8] 胡翠霞，黄列梅.基于 SPOC 的混合式大学英语教学模式研究与实践 [J].中国多媒体与网络教学学报，2019（3）：175-176.

[9] 王书蕊，郑尔东，王泳钦.线上线下融合式的大学英语教学实践 [J].黑龙江教育（理论与实践），2019（9）：79-81.

[10] 李苗.大学英语"线上＋线下"混合式教学模式构建探究 [J].产业与科技论坛，2020，19（20）：176-177.

[11] 黄文娟.基于线上线下融合式的大学英语教学实践 [J].山西青年，2021（6）：57-58.

[12] 何克抗，谢幼如，郑永柏.教学系统设计 [M].北京：北京师范大学出版社，2016.

[13] 康洁平.信息化背景下高校英语混合式教学模式探索与应用 [M].北京：中国书籍出版社，2021.

[14] 余胜泉.推进技术与教育的双向融合——《教育信息化十年发展规划（2011—2020）》解读 [J].中国电化教育，2012（5）：21-30.

[15] 郝伟.大数据时代下信息化教学的实践与应用 [M].北京：北京工业大学出版社，2019.

[16] 张献.大学英语教学理论及实践应用 [M].武汉：中国地质大学出版社，2020.